知识就在得到

卓越

吴军 / 著

新 星 出 版 社　NEW STAR PRESS

目录
CONTENTS

3

教育的方式

4

教育的节奏

5

教育的道路

6

我的教育和
孩子的教育

后记

前言

从《大学之路》到《卓越》

　　教育是一个亘古常青的话题，自人类进入文明社会，人们就非常重视教育，东西方都是如此。今天，教育恐怕是中国家庭最为重视也最为头疼的问题。学生们花十几年时间接受教育，甚至为此失去了很多快乐；家长们则为了孩子的教育，动用大量或全部可支配的财富，甚至为此牺牲自己的生活，十几年乃至几十年后教育的成果却是几家欢喜几家愁。在国家和社会层面，各种进步都可以直接或间接地归为教育的结果，各种社会问题也都和上一代的教育有关。因此，怎样重视教育都不为过。不过，重视教育不等于能进行良好的教育，多投入时间和金钱也未必能取得好的教育结果。教育自有其规律，不会因为我们心急或者增加投入就发生改变。

　　2015 年，我的大女儿进入大学。之后，我花了些时间回顾我和她走过的不同的求学之路，总结了我在这个过程中接触到的教育工作者的建议，以及学习到的各种教育理论，写了《大学之路》一书。令我非常高兴的是，我在书中总结或者提出的一些观点，比如终身教育、通识教育、从同学那里获得教育等，已经被很多读者和家长接受。今天，很多年轻人通过各种平台接受通识教育，很多职场人也在想尽办法对自己进行终身教育。受到这种氛围的鼓舞，在过去七年里，我认真研究了古往今来有影响力的教育家、思想家和社会学家们关于教育的理论，也跟很多年轻人进行了交流，对教育有了更新、更深入的思考，特别是在教育的意义和目标、教育即生活、个性化教育，以及教育的节奏等方面。2020—2021 年，我把其中一些想法分享在了得到 App 的专栏"硅谷来信 3"中。2022 年春夏之际，我的小女儿完成了大学申请，从高中毕业。于是，我有了较多的时间把过去关于教育的想法总结出来，形成了《卓越》这本书。

说到教育，我们必须先搞清楚教育的目的、意义和目标。无论什么时候，无论对什么人来讲，教育的目的都应该是让人明理，让人从蒙昧状态进入文明开化的状态，从依靠自身经验谋生的状态进入利用知识开拓事业的状态。用古希腊先哲柏拉图的话讲，就是完成一种"转向"，把人的灵魂从误解、谬误和偏见引向真理。为了达到这个目的，我们需要全方位地接受通识教育，了解各种知识，锻炼解决各种问题的能力。这个目的对所有人来说都是一样的。但是，不同的人应该为自己设置不同的教育目标。

教育目的和教育目标是两回事。理解了教育的目的，还需要有具体的目标。比如，对一个来自中下层家庭的孩子来说，掌握有效的、能够发挥自己专长的谋生手段应该是教育的第一个目标。在达成这个目标之后，通过进一步的学习和实践增加自己的影响力，实现人生价值，获得一定的成就感，可以作为第二个目标。如果一个孩子或者他的家长设置了不切实际的目标，他们就无法达到最终的教育目的，因而感到迷茫，甚至怀疑教育的目的和意义。

每个人的教育目标可以非常个性化，它不仅受限于自身的条件，也和其生活环境及社会需求有关。在过去的两年里，很多人向我询问过一件事——当一个国家或者社会需要让一半年轻人被分流到职业教育的轨道上，而不是鼓励所有人都读普通大学时，作为个体应该怎么办？这个问题的答案因人而异。但很显然，不是所有人都应该把进入普通大学作为自己的目标。

今天在谈到教育的时候，大家经常会提到"内卷"这个词，这意味着在中小学，甚至在大学，学生们的竞争越来越激烈了。于是，很多家长，甚至一些老师，会自然而然地想到让学生提前学，或者让他们在课后多学点。根据我的观察，这种做法在短期内确实有效，但效果不会持久。从长期来看，这种做法甚至是有害的。如果看看在全世界范围内亚裔学生在大学之前的表现和他们后来在科学、工程和艺术领域的贡献，你就会发现，早期的那一点点优势在进入大学后荡然无存，甚至很多人在进入高中后就后劲不足了。亚裔占了美国各顶级大学录取人数的20%以上，但是毕业后在精英人数中的占比却没那么多。出现这种现象的主要原因就是没有把握好教育的节奏。

早在18世纪，著名思想家卢梭就提出，对不同阶段的孩子要用不同的培养方法，教授不同的内容。在《爱弥儿》一书中，卢梭为不同年龄段的孩子设计了不同的教育方法和教育内容，这些教育内容和今天全世界中小学的教学大纲基本一致。这并非巧合。20世纪，著名儿童心理学家皮亚杰经过研究发现，人从婴儿到幼儿，再到少年和青年，心智是逐渐成熟的。他认为，在不同的发展阶段，应该教授与孩子心智发育一致的内容。如果过早教授大脑难以接受的内容，就会事倍功半。

比如，在12岁之前，青少年虽然有简单的归纳推理能力，但演绎推理能力还没有建立起来。这时，教他们几何学，让他们做几何证明题，他们就会感到非常吃力。12岁以后的青少年只需半个小时就能学会的几何学内容，10岁的孩子可能要花两三个小时才能学会。我自己也有过这样的体会。高中时，我花一周时间才能搞懂的微积分内容，到大学时一天就能学会了。

很多家长为了让孩子有一个好成绩，就让他们提前学一些知识，可结果呢？孩子多花了好几倍时间，积攒的一点点先发优势用不了多久就会被别人赶上。同时，由于没时间发展自己的兴趣爱好，孩子的一些天赋反而会被埋没。

我一直认为，培养一个好的孩子，在智力教育方面，最重要的是保护孩子与生俱来的善和好奇心。善的意义自不必说，每个家长都希望拥有一个对自己、对他人、对社会友善的孩子，而不是一个聪明的"逆子"。一个与人为善的人，在社会上会得到很多人的帮助，最终过好一生。但是好奇心的重要性，却被很多家长忽视了。事实上，人类几乎全部的文明成就都和好奇心有关，失去了好奇心，人就变成了机器。如果一个年轻人有对世界的好奇心，他就会主动学习。反之，如果一直被逼迫着学习，他就容易产生逆反心理，就算按照老师和父母的意愿学习了，也是在被动学习，效果要比主动学习差很多。

在成长的每个阶段，除了需要接受智力上的教育，孩子还需要了解这个阶段应该知道的为人处世的常识。因为大脑的发育问题，7岁前的孩子只会以自我为中心来看待世界，很难体会别人的感受，因此可能会成为我们常说的"熊孩子"。这时，简单粗暴的批评不会取得太好的效果。相反，我们需要引导他们站在别人的角度看问题，培养他们的同理心。7—12岁是培养孩子同理心的关键时期，培养得好，孩子就会很懂事；培养得不好，他们将来就可能会有认知缺陷。在这个阶段，如果一味地逼着孩子去刷题、上补习班，就可能会错过对他们心智的培养。近年来，我越来越能体会到教育家约翰·杜威说的"教育即成长"这句话的意义——教育的最终目的，是让孩子在年龄增长的同时，完成自身全面的成长。

在孩子18岁之前，父母的陪伴非常重要。我有幸从两个女儿小时候一直陪伴到她们18岁离开家。在她们成长的过程中，我和太太都尽可能地为她们提供适合她们年龄和发育阶段的各种教育。教育使她们变得成熟，有责任感，有同理心，没有产生青春期的逆反行为。对此，我感到非常欣慰。虽然我和太太并没有逼她们考高分，更没有送她们去上补习班、参加各种竞赛，但她们最终都考上了美国顶级的私立大学——大女儿上的是麻省理工学院，小女儿上的是约翰·霍普金斯大学。我希望她们能接受全方位的教育，为将来面对社会做好心理上、身体上和品德上的准备。

教育的方法是多元的，没有一定之规。但是，好的教育都有一个共同的特点，就是使受教育者终身受益；而坏的教育也有一个共同的特点，就是让孩子将来花一辈子的时间修复年轻时受到的创伤。在《卓越》一书中，我会从教育的意义、内容、方式、节奏和道路入手，分享我在教育问题上的思考，以及我和我的孩子所接受的教育。希望我的思考和我们成功抑或失败的经验、教训对你有所启发，也欢迎你一起来讨论教育的话题。

吴军

2023 年 8 月于硅谷

1

教育的意义

教育至少有三个意义。第一，它会让一个人成为身心健全、具有谋生能力，并且能够过好一生的人；第二，它会让一个人承担起对他人（包括自己的家人）、对社会的责任和义务；第三，站在社会的层面看，只有人们普遍接受了良好的教育，整个社会才能变得更好。

　　当然，不同的人对于教育的意义会有不同的看法。我们不妨听听那些教育大家们都是怎么说的，从中或许会有所启发。

自由：教育的目的是什么

说到教育，大家都在有意无意地回避一个非常基本的问题，那就是我们为什么要接受教育。这个问题，其实很多读了十几年书的人也回答不上来，甚至从来没有认真考虑过。我以前的一些同学，上学的时候学习很认真，也考进了不错的大学，但等到四五十岁回过头来看，发现自己十几年寒窗苦读牺牲了很多幸福，收益实在不算高。看看过去那些成绩远不如自己的同学，他们好像过得也不差，甚至还比自己幸福。于是，很多人开始怀疑自己接受的高水平教育和后来的幸福度是否有关。当然，这并不妨碍他们继续"鸡娃"。

硅谷地区的华人有一些家长群，群成员都是孩子正在申请美国大学的人。这些人中有不少厉害的家长，他们的孩子都很争气，被所谓的美国 T5 大学[1] 录取。这些家长在讨论孩子的未

---

[1] 指哈佛大学、斯坦福大学、耶鲁大学、麻省理工学院和普林斯顿大学，这几所大学也被称为 HYPMS。

来时，通常会以进"大厂"、每年挣 40 万美元为目标。一开始我还很疑惑，为什么大家都把标准定在年收入 40 万美元呢？后来我才知道，美国总统拜登打算加收富人税时，给富人定的标准就是年收入 40 万美元。虽然我不清楚那些意气风发的孩子是否认可家长给自己安排的人生道路，但是据我观察，他们的学长学姐，也就是在十多年前进入美国 T5 大学的第二代华裔子弟，大多数都走上了这条家长期望的路。接受教育，然后找一份收入高的好工作，这本身无可厚非，也确实实现了父母和他们自己当初的目标。不过，如果一个人对教育目的的理解仅限于此，那么，拿到一份"大厂"的工作很可能就是他人生的天花板了。

很多家长会感叹，无论进了多好的学校，孩子最后还是在打工。其实这种命运在他们设定目标时就已经注定了——一个人如果搞不清自己为什么要接受教育，即便上了好学校，大抵也就是这样的结局。一个人如果真正懂得教育的意义，他就会知道如何追求卓越，事业上的成就和物质上的收益也会是顺理成章的结果。

柏拉图的洞穴寓言

关于教育的意义，很多教育家、政治家和哲学家都有深刻的论述。其中，柏拉图的观点可能是对这个问题最好的回答。在《理想国》一书中，柏拉图借苏格拉底之口讲了一个洞穴寓言，并借此告诉我们教育的意义。故事是这样的：

在地下一个很长的洞穴中，有一条宽阔的道路通向洞穴之外。洞穴里住着一群被锁链固定着的囚犯，他们的脸只能朝前看到洞穴的墙壁，而不能转头或者回头看。因此，他们看不到洞穴的出口，也根本不知道有出口。在他们身后，远处是燃烧着的篝火，在被火光照亮的墙壁上，他们能看到自己的影子。因此，他们所理解的人就是影子的样子。在这些囚犯和篝火之间，有一条路，路上车水马龙，有人在做各种活动，这些活动的影像都被篝火投射到洞穴中的墙壁上，看上去很真实。当然，路上行人的说话声，走路声以及搬运货物的声音，囚犯也都听得见。对他们来说，这一切都是真实的。因此，他们认为自己看到了世界的真相，试图从各种人事物的出场和动作中找出一系列规律，并由此预告将要发生的事情。

后来，有一名囚犯挣脱了锁链，沿着身后的道路跑出了洞穴，来到了真实的世界。他听到鸟语，闻到花香，在湖水中看到自己的样子，发现原来人不是黑色的。于是，他赶快跑回洞穴把这个情况告诉大家。当他从光亮处再次进入黑暗的洞穴，他什么都看不清，只能大声喊出自己看到的一切。但是没有人相信他，甚至有很多人嘲笑他，因为对洞穴里的人来说，他们看到的影像就是最鲜活、最真实的，这个从洞穴外回来的人说的一切反而都是幻象。

柏拉图的这个寓言和庄子井底之蛙的寓言乍一看有些相似之处，但它们其实讲的是两回事。井底之蛙看到的是真实的世界，只是因为它的活动范围很小，见识有局限性。但由于它看到过真实的世界，是有理解真实世界的能力的，因此它一旦走出那口井，就会"望洋兴叹"。但是洞穴里的囚徒们则不同，他们一直把扭曲的光影声像当作真实的世界，把自己主观错误的感官当作现实，因此即便有人告诉他们真相他们依然拒绝接受真实的世界。因此，他们哪怕接受了很多信息，但是按照错误的方式解读，得出的结论都是谬误。其中的差异，就在于有没有受过真正意义上的教育。

以人工智能为例，今天大部分非专业人士对人工智能的理解都是错误的。很多人要么迷恋人工智能，要么担心被人工智能控制，他们不知道哪些问题人工智能解决不了，哪些问题人工智能可以做得更好。这并不是因为那些人不够聪明，而是因为他们缺乏相应的教育。当然，大部分人不从事这方面的工作，了解得多一点或者少一点并不影响他们的生活和工作。但是，有些人不懂人工智能，却试图做这方面的工作，结果就是把洞穴里看到的世界当做真实世界，当然无论如何努力都不会有结果。

再比如，在投资领域，很多人没有接受过真正的投资教育，看到的不过是一些幻象，但他们当真了，其结果也和洞穴里的人差不多。很多人靠省吃俭用攒下一年的工资，但投资时糊里糊涂亏掉同样的钱却是分分钟的事。他们中的不少人学历并不低，但他们是否接受了真正意义上的教育，或者说他们是否理解了教育的意义，是要打个问号的。

那么，柏拉图是如何通过洞穴寓言解释教育的意义的呢？柏拉图认为，物质世界的各种现象背后有更深层次的原因。那些囚徒能看到人的影子，是因为有人的存在。那些影子是黑色的，是因为洞穴是黑暗的。人到了洞穴之外，在阳光之下，一切就不再是原来那个样子了——这就如同接受过教育后，人会对世界产生新的思考。没有接受过教育的人会把看到的影像当作真实，甚至会找出一堆看似自洽的原始理念来解释自己看到的现象。这些解释当然是不对的。柏拉图指出，接受教育的目的，就在于掌握基本的判断力，让我们能够找出现象背后真正的原因。而为了做到这一点，我们必须接受外力的帮助，通过教育学会理智地行事。

很多人问我，做投资是否有捷径。我的建议是，如果你真的想做投资，捷径就是认认真真地学几门相关课程，或者读两三本相关教科书，而不是看几档财经节目或者看几本财经杂志。为什么这么说呢？柏拉图所说的洞穴是人体感官所能及的世界的化身，它代表了人类的处境。看财经节目和财经杂志虽然不用动脑筋，但这和坐在洞穴中看世界的影子、听周围人谈论没什么区别。走出洞穴并看见太阳的意义在于，我们的认知可以从可视的世界提升到"理念的世界"，或者说提升到只有理性才能领会到的世界。

在讲完这则寓言后，柏拉图再次借苏格拉底之口指出了哲学教育的意义。柏拉图所说的哲学是指所有学问，而非今天狭义上的哲学。他说，哲学教育是一种"转向"的技艺，它的目的是把灵魂从误解、谬误和偏见引向真理——他用洞穴的黑暗指代谬误，用洞穴外的光明指代真理。此外，哲学教育还可以让我们从片面的表象转向全面而完整的存在。这是一个人境界升华的过程，而这个过程只能通过孜孜不倦的哲学学习和实践来实现。

如何证实自己的认知是否正确

讲到这里，你可能还有一个疑问——我们如何知道自己了解的真相是真的，而不是另一种看上去更完美的虚幻呢？这涉及如何学习、获得知识和验证知识。具体内容我在《境界》中有详细的讨论，这里简单地概括一下。

柏拉图认为，要想证实自己的经验和认知是否正确，需要和别人讨论。别人会有自己的经验和感受，跟我们的可能不一样。只有在讨论和对比之后，用理性来思考，我们才能判断真伪。比如，你想知道女朋友是否爱你，可以根据自己的亲身感受来判断，但这种感受可能是恋爱中人一厢情愿的自欺欺人。为了验证你的感受，你可以询问女朋友的闺蜜、亲朋或者自己的好友，如果得到的信息都是对方爱你，你就可以放下心来了。这其实就是我们要接受教育的原因——不仅是被告知一些事情，还要经过讨论验证我们的经验。

教育真正的目的

最后，讲回我们一开始谈论的那个现象：为什么很多不理解教育目的的人，即使接受了最好的教育，在人生和职业道路上也走不远？如果一个人把教育的目的理解为获得可以炫耀的学历，那么在获得学历之后，他所接受的教育也就终止了。如果很多人都这么想，在获得学历之前一定会严重内卷。据我了解，美国很多亚裔高中生参加各类学科竞赛和课外活动，只是为了升学，和他们自身的兴趣爱好并无关系。这样的内卷能提高他们申请大学的竞争力，但和日后的成绩基本无关。

如果一个人把教育的目的简单理解为掌握谋生技能，那么无论从多好的学校毕业，到"大厂"打工就是他职业的天花板。实际上，在教授专业技能方面，世界顶级名校未必比二流大学好多少。很多名校毕业生一到职场上就会产生失落感，因为单位对他们的期许比对普通大学毕业生的期许高，但如果单纯比拼专业技能，他们跟其他同事人又差不了太多。如果一个人接受了高等教育，看问题却还是停留在表面现象上，判断力也不比同龄人高，那么，别人判断不清的形势，他同样判断不清。这样的人不会比其他人获得更多机会。

既然受教育的意义在于明辨是非、提高判断能力，以及拓宽见识，那么在接受教育时，我们就要把这作为目标。凡是有助于实现这个目标的事情，我们都要做。比如，我们在学校学习几何学，主要是为了培养逻辑思维能力和运用逻辑进行判断的能力。如果缺乏这种能力，明辨是非就是一件很困难的事情。如果认为将来用不上几何学就不认真学习，或者学了几何学却只是会做几道题，那就是失去了提高判断能力的机会。再比如，大学经常会举办各种讲座，听讲座既不能拿学分，也不计成绩，为什么还要听呢？因为这可以增长见识。

现在很多学校都鼓励学生跨专业选课，甚至有各种形式的交换生计划，这对培养具体的工作技能并没有直接的帮助，却能让年轻人避免把自己封闭在洞穴之中。当一个人通过受教育知道了如何明辨是非、判断形势，在自己做不到这些事情时，他自然就会想到继续学习，而不是根据自己似是而非的理解作出错误的判断。

教育的目的在于"转向"，在于把我们的脸从蒙昧的一面引向真理的一面。因此，教育是和追求真理、追求卓越相关联的。一个人在接受教育时，应该养成求真理和追求卓越的习惯，这样将来才会追求更高的目标，才会发现别人没有发现的真理。通常，成就都是求真、求善和求美的结果。当一个人发现了真理，做了对人类有益的事情，同样的事情做得比别人好，就会得到物质和名誉上的褒奖，成为别人眼中的成功者。

世界上的失败者有各自不同的问题，但成功者都有一定的共性——在别人都随波逐流、判断不清形势时，他们能判断清楚；在别人只看眼前利益、缺乏远见时，他们有超出常人的见识；在别人都无法做到尽善尽美时，他们能做到。这些共性是教育本身所给予的，与名校和学历没有直接的关系。

现在很多人已经忘记了教育原本的目的，简单地把它等同于升学和考试，因而我们更需要回归教育本身。从柏拉图的洞穴寓言出发，再往深想一步，就能明白另一个道理，那就是被我的母校约翰·霍普金斯大学和其他很多大学奉为校训的话——知识使人自由。在这个寓意下，洞穴中那个挣脱了锁链的人获得了自由——不仅是人身自由，还有思想上的自由。如果其他被束缚的囚徒知道了真理，他们就会想办法挣脱束缚，去看看外面的世界，也终将获得自由。从这个意义上讲，**教育真正的目的，就是通过知识使人获得自由。**

延伸阅读

　　［古希腊］柏拉图：《理想国》

成长：过程和结果哪个更重要

我们通常会纠结过程和结果哪个更重要，对教育的看法也是如此。据我所知，目前绝大部分家长和学生都更看重结果。比如，很多人觉得不管用什么方法，能上一所好大学就可以。我读中学时，一些大学还有少年班，进少年班的都是极聪明的人，他们通常在初中就学完了高中的课程，然后进入名牌大学。然而，从后来的发展看，虽然他们中间出现了一些英才，但大部分都是平庸之辈。这和他们当初表现出的智力水平、得到的优势竞争位置，以及获得的教育资源不成比例。究其原因，我觉得主要是因为他们省略了必要的成长过程。在教育上，过程和结果一样重要，因为教育即成长。

"教育即成长"的观点是由美国著名教育家和哲学家约翰·杜威（Jone Dewey）提出的，这个观点至今也被大部分教育家所推崇。

杜威和《民主主义与教育》

1859 年，杜威出生于美国佛蒙特州，这是美国东北部一个很小的州，经济也不算发达。中学毕业之后，杜威进入了当地的州立大学。对美国绝大部分中产阶级家庭的孩子来说，进入当地的州立大学是他们的首选。一方面，州立大学学费很低；另一方面，来自小地方的人进入名牌大学的难度很大。不过，进入大学之后，所谓的"起跑线"就不再起作用了。毕业后，杜威因为大学成绩优异而进入约翰·霍普金斯大学读博士，并在 1884 年获得了哲学博士学位。

获得博士学位后，杜威一直致力于教育事业，担任过很多大学的教授。但是，他最有成就的学术生涯是 1894—1930 年。在这段时间里，他先后在芝加哥大学（1894—1904 年）和哥伦比亚大学（1904—1930 年）担任教授，并形成了自己的教育学思想和科学哲学思想。

在教育方面，杜威反对传统灌输式和机械训练的教育方法，主张从实践中学习。他提出"教育即生活""教育即成长""学校即社会"等口号，强调个人的发展。在科学哲学方法论方面，杜威完善了欧洲近代的经验主义方法论，提出了实用主义的方法论，强调通过对外界事物（客观世界）的理解以及实验获得知识。因此，他也被称为实用主义大师。

杜威在西方教育学领域和哲学领域的影响很大，特别是他培养出了一大批优秀的学生，而那些学生实践并传播了他的思想。不仅在西方如此，他在中国也学生众多。胡适、蒋梦麟、陶行知、张伯苓等一大批对中国早期教育事业影响极大的学者，都是他在哥伦比亚大学任教期间培养出来的。2006 年，美国《大西洋月刊》将杜威评为"美国历史上最具影响力的 100 位人物"的第 40 名。

杜威的教育学思想，集中体现在《民主主义与教育》一书中。这本书也是今天美国大学校长们的必读书。在这本书中，杜威从以下 5 个维度介绍了教育的目的：

1. 作为生活必需的教育；
2. 作为一种社会功能的教育；
3. 作为指导的教育；
4. 作为成长的教育；
5. 作为保守力量和进步力量的教育。

作为生活必需的教育，这个维度大家都知道，而且很多人把这理解为教育唯一的目的，因此这里就不展开讲了。作为一种社会功能的教育，是从国家和社会的角度来看待教育；作为指导的教育，是从老师的角度来谈教育；作为保守力量和进步力量的教育，是从美国政治的角度谈教育——当时美国政坛主要分为保守主义和进步主义两派。这三个维度和普通人关系都不大，因此我想重点谈谈作为成长的教育。或者说，教育即成长。

为什么说教育即成长

"教育即成长"有社会层面和个人层面两方面的含义。我们先来看社会层面的含义。

一方面，社会在指导青少年活动的过程中决定了青少年的未来。有什么样的社会环境，就可能培养出什么样的青少年。另一方面，今天的青少年又决定着社会的未来，因为他们将组成未来的社会。那么，今天的社会由谁来决定呢？很简单，由上一代人所接受的教育决定。**一个时代的教育，决定了人和社会成长的方向。**

理解了教育的这一层意义，我们至少可以得出两个结论。

第一，今天社会上的一些不良现象，其实与上一代甚至上上一代的教育有关。在过去的教育已经把人塑造成型之后，我们想要在当下彻底扭转某些现象是非常难的，因为那已经成为既成事实。有些人还试图改变他人，这几乎也是做不到的。因此，对于我们看不惯的一些成年人和一些社会现象，最好的办法可能是像马可·奥勒留在《沉思录》中说的，明白世界上有人和我们不一样，然后忽视他们。

第二，对于未来社会和孩子，我们要根据不同情况采取不同的做法。为了让未来的社会能变得更好，我们必须教育好孩子。我们不仅有责任纠正孩子的不当行为，还有责任为他们营造一个好的社会环境。举一个具体的例子。我在美国有时会遇到一些中国老人，他们通常是为了帮年轻人照顾孩子而被接到美国的。因为经历过物质匮乏的时代，他们中有的人喜欢占一些小便宜。比如，在开架超市，蔬菜水果论盒卖，有人就会把个头大的苹果、西红柿等都换到一个盒子里拿走。在超市遇到这种事，如果对方是一个人，我通常只会和店员说一声，让店员按规定管理，有时甚至干脆就懒得管；但如果对方还带着孩子，我就会直接站出来制止这种行为。我之所以会针对不同的情况区别对待，就是因为我不希望未来的社会是一个糟糕的社会。一个孩子如果从小看到可以占便宜，将来就会自然而然地占别人的便宜。如果社会上到处都是这样的人，那这个社会就有问题了。

接下来，再看一下"教育即成长"在个人层面的含义。

所谓个人成长，不仅是指一个人身体长大的过程，更是指一个人从未成熟状态到成熟状态的过程。人在未成熟状态时有成长空间，而这种空间可以用两个指标来衡量：容量（capacity）和潜力（potentiality）。

成长的容量很好理解。一个人没有完全成熟时，他的大脑是空的，有装东西的剩余空间，这就是容量。随着他不断成长，大脑里装的东西越来越多，剩余的容量越来越有限，这时再想往里面装东西就比较困难了。我们常说年轻人可塑性强，就是说他们成长的剩余容量还比较大。

一个人成长的容量是先天的，也是相对客观的，不同的人可能会有一定的差异，而且在学习不同知识和能力时显示出的容量可能各不相同。具有相同容量的人，最后的发展可能会相差很大，这主要是因为他们各自的潜力和最终潜力发挥的程度不同。

所谓潜力，就是指那些最终能够具有、现在还处于蛰伏状态的能力。比如，一个人有数学天赋，但在接触数学之前，他在这方面的能力是体现不出来的。如果有机会接受良好的数学教育，他在数学上的潜力就会体现出来。这就是潜力的作用。不过，如果这个人从小就无法接受教育，比如他生活在偏远的乡村，从小就要干很多农活，还沾染了一些坏习惯，那他即便有潜力，也可能一直发挥不出来。等到他长大，成长的容量不剩多少，曾经有的潜力可能就永远消失了。

成长的容量是客观的、先天的，潜力的多少和能发挥的程度则与教育、启蒙、成长过程有很大关系。要成长，光有容量是不够的，还需要把潜力挖掘出来，而教育的目的就是挖掘潜力。

了解了"容量"和"潜力"这两个概念，我们就能更容易理解教育对成长的作用。

我们先来看两种非常极端的情况。

第一种情况，是不给年轻人充分的教育，但让这个年轻人和社会充分接触。在成长的过程中，他也会接收很多信息。由于人天生有求知的欲望，他会通过观察和模仿来学到一些有关如何在社会上生存的知识。但是，由于缺乏引导，他接触到什么样的人，生活在什么样的环境，就会被塑造成什么样。如果他接触到的是很好的人和很友善的环境，他可能会成长为一个友善的人。如果他生活在一个非常糟糕的环境，周围都是尔虞我诈的"恶人"，他天性中善的一面就可能会被埋没，恶的一面则被发展起来。这个人可能有很多潜在的天赋，但因为没有被发掘和培养，也就得不到发展，他甚至可能不知道自己有这样的天赋。由于没有接受充分的教育，等他长大后，他已经失去了可塑性。也就是说，他的大脑已经被太多乱七八糟的东西装满了。在一个基础教育不普及的社会，这种情况非常普遍。

第二种情况，是在某个领域给予年轻人充分的教育，但这个年轻人很少接触社会。通常，这样的人会在那个特定领域把自己的潜力都发挥出来。但由于他成长的容量都用来装那个特定领域的知识了，而且在成长过程中错过了和社会接触的机会，因此他可能会在那个领域之外的方方面面都显得特别不成熟。以前面讲的少年班的学生为例。通常，15 岁和 18 岁的年轻人心智成熟的程度不同，社会经验也不同，即便那个 15 岁的人因为某种特定的教育而在学业上达到了 18 岁的水平，他在学业以外的方方面面的成长也是存在欠缺的。有人可能会想，15 岁进大学的人，在社会经验培养方面的容量还在，难道进大学之后不能补上吗？容量确实在，但由于那方面的潜力过去没有被挖掘出来，进入大学，甚至进入社会后，可能就挖掘不出来了。

对于这样早教的学生来讲，还存在一个更大的危险。他们早年显示出超常天赋的领域，经常不是他们真正感兴趣的，甚至不是他们最有潜力发挥才智的领域。但是，因为过早地被认定应该在某个领域发展，他们之后常常要面临一个艰难的选择，就是舍弃之前已经付出的巨大的沉没成本。

今天，几乎没有人会往第一个极端走，但有很多人会往第二个极端走。他们给孩子的大脑装了太多东西，或者想当然地过分开发孩子某一方面的潜能，于是让孩子过早地失去了可塑性。如果一个人大脑里已经装满东西，潜力也已被挖掘光，那他想要继续成长就很难了。当然，大多数人的成长通常都不会陷入这两个极端，而是会处在一个中间状态。如果教育者（包括家长）懂得按照年轻人的天性培养他，让他正常走完成长的全过程，而不是在某个领域刻意拔高他，或者让他省略某个成长过程，那么教育的结果通常是好的。

总的来说，好的教育应该是充分挖掘年轻人本身的各种潜力，同时给予他们自由发展的空间。这样既可以保留他们的可塑性，也能让他们的才能得到发挥。

那么，我们怎么才能看出一个人在某方面成长的容量是不是快饱和了呢？其实方法很简单，就是看他的习惯是否已经养成了。

一个人一旦养成了某种习惯，无论好的还是坏的，他在这方面的可塑性就基本消失了。比如，一个人养成了每天下午跑步的习惯，你想安排他在这个时间段做其他事情就比较难了。一个人养成了每天早上睡懒觉的习惯，你要改变他几乎是不可能的。运动员跑步的姿势或者打球的动作一旦成为习惯，想改变也是很难的。因此，杜威提醒我们，**教育的重要目的就在于培养好习惯**，这比多学几个知识点重要得多。

认识到教育和成长的本质之后，我们就不难理解终身教育的重要性了，因为终身教育就是终身成长。杜威讲，成长是生活的特征。也就是说，如果没有了成长，生活也就停止了。两个从同一所大学同一个班毕业的学生，一个终身成长，另一个成长到一定程度就停止了，那么将来两个人的成就自然会有天壤之别。

相比杜威所处的年代，今天的人都很长寿——当然，杜威本人也很长寿。这么长的人生通常是要分为很多阶段的。因此，在走出学校后，我们还要在不同阶段接受新的、不同的教育。至于在这么长的时间里，什么是最重要的教育，我个人认为，最重要的教育来自生活本身。人一辈子所做的最重要的事情就是生活。因此，从生活中学习是每一个阶段的成长所必需的。理解了这一点，我们就能明白为什么大学读的是不是名校没那么重要了。毕竟，除了大学四年，人一辈子还要经历很长的学习和成长过程。

对于学校，杜威认为，学校是教育的结果，而不是反过来。是因为我们需要教育，才有了学校；而不是因为身在学校，我们才需要接受教育。换句话说，我们需要什么样的教育，就去什么样的学校。很多人在选择学校时只看学校的排名和名气，不看它的专业好坏，与自己的兴趣是否一致，也不看是否适合自己，最后的结果就是看似进入一所名校，却没有受到真正适合自己的好的教育。

需要注意的是，虽然杜威是实用主义大师，但他并不认为任何结论都必须靠经验来验证。杜威指出，在验证之前，应该通过反思来判断这个结论是否具有合理性，这是一项非常重要的能力。具备反思和判断的能力，做事情就可以事半功倍。

我们每个人都要从不成熟走向成熟，这个过程就是成长，而成长的好坏取决于教育。人的思维是可以训练的。这些都是杜威给我们的启发。

延伸阅读

［美］约翰·杜威：《民主主义与教育》

退化：如何看待教育内卷

教育内卷真的有用吗

从正面理解了教育的意义之后，我们就会明白今天很多不当的做法错在哪里了。今天，有一个词是很多家长和学生，甚至老师都挥之不去的噩梦，那就是内卷。在老师和家长的辅导、督促之下，学生们不断延长学习时间，投入越来越多的资源，试图提高成绩，以便考上一所好学校。由于学生们学的课程数量并不多，在时间和资源上过多的投入并不会让他们掌握更多的知识，而只是让他们不断做不必要的重复。比如，你刷 3 套题，我就要刷 5 套；你晚上 12 点睡，我就要学到凌晨 1 点。由此，就形成了一种没有什么效果的恶性循环。

如果问学生、老师和家长为什么要这么做，他们会说现在竞争太激烈，不这么做就得不到好结果。我一直不认可这种想法。根据我自己和我孩子的经验，以及我对身边同学们的观察，当一个人的学习成绩达到一定程度后，再投入时间训练，他的成绩也不会再提高了。为了证实这种想法具有普遍意义，我专门调查了中国一些大学每年的高考录取分数线，比如清华大学、复旦大学和北京航空航天大学。如果以拼分数为目的、半军事化管理的强化练习对提高成绩有好处，那么这些大学的录取分数线应该随着最近 10 年教育内卷程度的加深而稳步提高。但事实恰恰相反，从 2011 年到 2021 年的 10 年间，这些大学的录取分数线没有明显的变化，每年的变化都在浮动范围之内。

我没有考察二本、三本的大学，一来是因为它们每年招生人数会有变化，二来是因为它们的分数线和考生总人数相关性较大。在过去的十几年里，中国参加高考的人数有两个高峰和一个很长的低谷期。2007—2009 年，参加高考的人数达到第一个高峰，每年超过 1000 万；接下来，2019—2022 年是第二个高峰，每年人数再次超过 1000 万；中间的 9 年，每年只有 900 万出头，比高峰时期少了约 10%。相比之下，好大学的招生人数和目标人群数比较稳定。

教育内卷的结果不难反映出，这种做法对国家和个人都没有好处。国家没有因此得到更好的人才，个人也没有因此提高成绩。相反，它的坏处却非常明显。在国家层面，很多宝贵的教育资源都被浪费了。在个人层面，参加过多补习班，一遍又一遍地刷题，让学生的睡眠时间越来越短，身体发育受到影响。这样的压力甚至会导致很多心理问题，让他们原本该自由发展的天性受到抑制，失去对知识的兴趣。我对比了一下今天国内大、中、小学生在课程学习上花的时间及其学习效果，和30多年前我的同龄人在每一个阶段花的时间以及我们得到的结果。据我观察，今天这一代人在数学、语文这种考试课程上花了多得多的时间，并且很早就开始了计算机编程的培训。但结果却是，除了在简单的计算机编程方面比我们那一代人普遍有进步之外，在数学、语文和自然科学上，都没有表现得更好，甚至不如我们那代人。现在一些进入到中美名牌大学的学生，他们的数学运算能力差得让我吃惊。即便大部分年轻人因为学习编程早，上手快，但是在解决一些计算机难题上依然比不过我。这倒不是我做得有多好，我周围在上述领域超过我的大有人在，只是因为那些靠强化训练培养出来的人脑筋不够灵活，遇到陌生的难题常常一筹莫展。简而言之，单纯增加学习时间，大量重复性地做题，对人的进步有害无益。

关于教育内卷化，北京理工大学教育研究院教授、国家教育咨询委员会委员杨东平教授的评论可谓一针见血。他认为，**教育内卷使我们的整个教育系统和学习系统发生了退化**。教育系统的退化是在整体层面，学习系统的退化是在个人层面。两个层面都退化了，教育的结果自然好不了。

今天，很多家长其实已经意识到了内卷的问题，也认识到了拿学校课程中的那点内容来回来去地炒毫无意义。不过，他们选择了另一种错误的方式来应对内卷问题，那就是"鸡娃"。

"鸡娃"能培养出优秀的孩子吗

"鸡娃"这个词是国内的同学和朋友告诉我的。它是指用"打鸡血"和"灌鸡汤"的方式教育出来的小孩。一位做自然语言处理的同事给我讲得更形象。他说这个词也作动词用，是指父母给孩子"打鸡血""灌鸡汤"，给孩子安排各种学习和活动，让孩子不断去拼搏的教育行为。我曾经讲过，每一个"熊孩子"背后一定有"熊父母"；同样，每一个"鸡娃"背后，一定有"鸡爸爸""鸡妈妈"。事实上，真正的问题不是"鸡娃"，而是"鸡娃"背后的父母。

那么，什么样的行为叫"鸡娃"呢？据我国内的朋友介绍，在大城市，那种靠半军事化管理和刷题来帮孩子提高成绩的做法，父母们已经不屑于做了。也就是说，刷题是"鸡娃"最低级的形式。在大城市里的父母看来，用那种方法培养出来的孩子素质不够高。那些父母通常自己都有大学学历，他们对孩子的要求早已不是有学上了，而是要孩子上名校、成为社会精英。而他们能想到的方法，就是更高级的"鸡娃"。

据介绍，大城市里的"鸡娃"可以分成"荤鸡"和"素鸡"两种。"荤鸡"是指以学业进步为主要培养方向，比如拼奥数、外语或者编程等。"素鸡"是指以文艺、体育和领导力为主要培养方向。据说，绝大部分家长会优先考虑让孩子在学业上进行比拼，因为在他们看来，孩子将来毕竟要靠数学、语文、英语升学，要靠编程这类手艺吃饭。孩子如果被培养得好，"鸡娃"就变成了"牛蛙"，也就是"牛娃"。据说，英语好的叫"英国牛"，数学好的叫"澳洲牛"（"澳"指奥数），英语和数学都好的叫"英澳混血牛"。当然，要成为"英澳混血牛"并不容易，这不仅要求孩子要聪明、有很高的自觉性，还要求所在的城市有好的辅导班。

如果培养"荤鸡"不成，有的家长就会琢磨走其他的捷径，也就是所谓的"素鸡"路线。"素鸡"的"素"指的是素质教育，说白了，就是培养孩子的才艺。比较富裕的家庭可能会培养孩子学习网球、击剑、高尔夫球等体育项目，更多的家庭则是让孩子学画画、钢琴、小提琴，或者学体操、舞蹈、声乐。

有的孩子比较可怜，本来没有什么艺术天赋，家长却非要帮他在学校的文艺体育代表队或者社团中找一个位置。我一位朋友的孩子就属于这种情况，这位朋友让孩子学习了各种才艺，都培养不出来。最后，他找到老师，让孩子在学校的交响乐队敲钹。不难想象，一段 20 分钟的表演，钹这种乐器能用上 5 秒钟就算不错了，有时甚至根本不用上场，因此没人愿意演奏这种乐器。更要命的是，钹的音量特别大，万一敲错了一个节拍，全场观众都能听见，这就要求敲钹的人在这 20 分钟里必须打起十二分的精神。所幸，这个孩子所在学校的交响乐队在市里的比赛上得了奖，他高中几年一直在乐队，每逢演出就敲几下钹，也算是没有白敲。至于这对他本人的成长有什么好处，那就只有天晓得了。

"鸡娃"的现象不仅在中国有，在美国的亚洲人圈，特别是硅谷地区的华人圈，也非常普遍。

硅谷地区的华人，特别是通过留学留在当地的华人，大多是在高科技企业工作的工程师、产品经理等专业人士。他们自身受教育程度很高，收入也不低，因此就期望孩子能比自己更上一层楼。从结果来看，这些家庭的第二代华裔能上美国排名前十，甚至是排名前五的大学的人还是相当多的，这个比例在全美国各族裔、各地区可能都是首屈一指的。但是，这个结果基本是靠"鸡娃"达成的。这些孩子不仅高中全部课程的成绩都是 A，而且都会学 10 门以上的大学先修课（Advanced

Placement，简称 AP 课）[1]，甚至还会在一项运动中获得州级的冠军或者好名次。此外，几乎所有进入美国排名前十大学的孩子都会展示出这样或者那样的领导力，他们可能是学生会干部、校报主编或者某个影响力很大的俱乐部的主席。至于在各种数理化、生物、计算机比赛，或者音乐、舞台艺术和绘画比赛中得奖，更是不在话下。不光华裔，在印度裔和日韩裔中，"鸡娃"的现象也很普遍。

在美国原本大部分中产及更高收入的家庭中，父母都会让孩子在上大学前自由发展自己的兴趣爱好，"鸡娃"的并不多。在这种宽松的环境下，一旦有人开始"鸡娃"，效果就会非常显著。不过，当所有的人都开始"鸡娃"后，这就不再有效了。根据我这 10 多年的观察，大约从 10 年前也就是 2013 年、2014 年开始，硅谷地区华裔第二代进入美国名校的总数基本上就不再增长了。只不过那些高中生做的越来越多，陷入内卷罢了。十年前能横扫美国排名前五的大学的申请材料，放在今天，能被一所排名前十的大学录取就算不错了。

亚裔特别是华裔"鸡娃"的做法，在短期内确实取得了一

1　这是由美国大学理事会在高中阶段开设的具有大学水平的课程，主要适合计划在美国就读本科的高中生学习。

定的成果。目前，仅占美国人口 5% 的亚裔，却占了美国排名前 20 的大学 1/4 以上的新生名额。但是，这个比例在最近的 10 年并没有提高，虽然亚裔无论是在学业上还是在课外活动中的表现，都明显比其他族裔好，而且这个差距还在不断拉大。

那么，这是因为美国大学存在对亚裔的系统性歧视吗？一半左右的美国人认为是这样的；另一半人却认为，亚裔学生只不过是靠投入更多资源才取得好成绩的，离开大学后的表现可不好说。2022 年，我和一位大学教授聊到了这件事。我们说起现在亚裔学生占了美国顶级名校理工科专业学生的一多半，但对于 20 年后这些亚裔学生能否撑起美国科技领域的半壁江山，我们都深表怀疑。显然，通过"鸡娃"或许能让孩子进入世界顶级名校，但将来孩子能有多大出息还真不好说。至少直到今天，这些曾经的学霸在工作中并没有显示出他们在考试中的水平。因此，美国的名校也不傻，不会把所有宝贵的录取名额都给靠"鸡娃"催出来的学生。

如果一个学生出于对知识的渴望而学了很多大学先修课，出于想服务社会的意图而做了很多社会工作，出于练就强健体魄的目的而积极参加锻炼，那么在进入名校后，他会如虎添翼，遇到一些困难也能积极应对，并且最终能活出精彩。之前，加州理工大学的一位学生家长和我聊起过一件事。他询问大学主管招生的老师，学校降低标准，从美国中西部的小地方招收了一些平均成绩远不如加州或者美国东海岸的学霸的学生，这些学生能不能跟上学校的课程？老师的回答是能跟上。那些人是在教育资源相对匮乏的情况下，靠自己的主动性取得的成绩。他们有人每天要开车到30千米之外的社区大学学习微积分或者其他课程，因为他们的高中根本没有能力开设大学先修课。他们学习的动力显然远远超出常人。对此，我和这位家长都非常感慨。

相比之下，在大城市，一些学生看似在高中做了很多事情，其实只是为了把同龄人比下去，有人在达到这个目标后就不再努力了。这样，他将来能走多远就很难说了。我见过一个上了美国排名前5的大学的学生。为了上名校，他在高中时又是创办俱乐部，又是创业，着实很辛苦。但是，当收到一所名校的录取通知书后，他马上就把已经完成80%的创业项目扔到一边了，俱乐部也交给其他人，自己不再管了。几年后我了解到，这个年轻人在那所名校学得很吃力，一直在找最容易的专业选修课凑学分呢。可以说，这个年轻人就是通过"鸡娃"的方式成了"牛娃"，但是他的教育显然不成功。

当然，"鸡娃"问题的实质不在孩子身上，而在他们的父母那里。孩子天生是想活出自我的，但家长给孩子赋予了太多的期望和压力，让孩子也无法准确认识自己。

超越：要求孩子超过
自己合理吗

很多家长都希望孩子的成就能超过自己，这种想法不应该吗？不仅应该，而且非常好，毕竟人类的进步就是靠后一代超过前一代来实现的。不过，这种超越应该是更多地体现在绝对的水平上，而不是体现在相对的名次上。如果一定要下一代在相对名次上超过自己，我们可以严格地证明，对很多人来讲，这件事无论多么努力也办不到，因为机会就那么多。

名校毕业生想让孩子超越自己合理吗

我在清华大学的学妹郝景芳女士曾经定量地分析过，告诉家长为什么不要不切实际地逼着孩子在名次上超过自己。郝景芳的本职工作是社会学研究，她在清华学的又是物理学，数学基础非常好，因此她的分析是非常有说服力的。

具体来说，郝景芳是这样分析的。先把清华大学和北京大学一年录取的博士、硕士和本科生加起来，再扣除重复的数据，比如有的本科生直接读了本校的研究生，最后算出大致有3万人。这些人毕业后，至少有2/3会留在国内，这2/3里的一多半又会留在北京。也就是说，每年大约有1万名清华、北大的毕业生留在了北京。假设这1万人都与同样毕业于清华、北大的人结婚生子，那么能组成5000个父母都毕业于清华、北大的家庭。当然，这些学生不会只和毕业于清华、北大的人结婚。这样算下来，父母中至少有一个清华、北大毕业生的家庭肯定超过5000个。而清华和北大每年会在北京招收多少本科生呢？大约600人。也就是说，即使把它们在北京的招生名额全都给这些"清北家庭"，也还有约九成的孩子是上不了清华、北大的。

　　在郝景芳分析的基础上，我把"清北家庭"的范围缩小到只计算清华、北大本科毕业的家长。也就是说，把分母再缩小一点。我依照郝景芳的算法重新算了一下，大致情况是这样的：清华、北大每年在全国招收的本科生大约有8000名，每年毕业的也是大约8000人。毕业生中，大约1000人会出国深造，我们就按2000人来算，这样留在国内的大约是6000人。其中，留在北京的占了一半以上，也就是3000人左右。这3000人至少会组成1500个"清北家庭"。按清华、北大本科每年招收

600 名学生计算，这些"清北家庭"中至少也有六成孩子是上不了清华、北大的。换句话说，在这些"清北家庭"中，至少有六成孩子的相对名次不可能超过他们的父母。

无论是郝景芳算出的九成，还是我算出的六成，都是多数。更何况在实际情况中，清华、北大的招生名额不可能全都给到"清北家庭"的孩子。我在清华读书时，我们那一届的计算机系，家长是清华、北大毕业生的同学只占北京生源的 20% 左右。现在，这个占比估计会更低。我了解了一下我大学同学子女上大学的情况，那些留在国内的同学，除去将孩子送到国外读书的，其他的也没听说谁的孩子还能上清华或者北大。很显然，在北京的清华、北大毕业生的子女无法超过自己是一个事实。

当然，这里用清华和北大来计算只为了方便，这个道理推广到其他名校也是类似的。比如，你曾经是一个学霸，考上了上海一所很好的大学，现在也在上海生活，你的孩子在考大学这件事上大概率不会超过你。

在全国的大城市中，最倒霉的可能是深圳。深圳吸引了大量聪明的年轻人去那里工作、生活，但深圳本地却没有全国顶尖的名校，深圳的学生每年能得到的名校录取名额只会更少。因此，郝景芳在做了详细的分析之后讲，如果你觉得自己和配偶都上了清华或者北大，自己又在北上广深等一线城市生活，就觉得孩子一定能超过自己，那很可能是你数学没学好，而不是孩子不够努力。

这种情况不只发生在中国，在美国，硅谷和纽约的名校毕业生也面临着同样的问题。在硅谷地区，清华毕业生大约有 2 万名，北大毕业生稍微少一些，但也超过 1 万人。他们很多人在美国读研究生时上的也是名校，然后至少组成了 1.5 万个"清北家庭"。如果以 30 年为一代人、每个家庭有 2 个孩子来计算，每年这些家庭中会有 1000 个孩子申请美国的大学。美国排名前 10 的顶级名校一年也就招 1.5 万人左右，轮到加州不会超过 2000 人，其中 1/4 分配给亚裔，也就是 500 人。即便这些名额全给到硅谷地区"清北家庭"的孩子，也是不够的。更何况，美国自己名校的毕业生还有 20% 生活在硅谷地区，还有很多来自印度名校印度理工学院的顶级学霸也生活在这里。因此，在硅谷，那些自己毕业于名校，又在大跨国公司担任要职的员工，孩子上不了好大学很正常，大家最后都得认命。

当然，有人可能会觉得，既然有特别内卷、名校毕业生的孩子怎么努力也比不过父母的地区，就会有升学相对容易的地区。的确如此。在美国东部，即便是以重视教育出名的 DMV 地区，即华盛顿特区（Washington DC）、马里兰州（Maryland）和弗吉尼亚州（Virginia），学生升学的压力和竞争的激烈程度也比硅谷小得多。举个例子，为了证明自己做了很多社会工作，且对商业和创业有兴趣，美国学生都会组队参加 DECA（Distributive Education Clubs of America）[1] 举办的比赛。比赛中，每个州会层层选拔，最后各州前三名和其他国家的一些团队参加决赛。硅谷一所顶级高中能组出十多支队伍，经过多轮比拼，整个加州再选出三支队伍。但是在马里兰州，前几年整个州只有两支队伍参赛，参赛的队伍直接就进入了决赛。当然，当很多家长和学生发现在 DECA 的比赛中获胜有利于升学时，马里兰州参赛的队伍也多了起来，但和硅谷相比还是有天壤之别。

因此，美国一些富有的家庭会将孩子送到波士顿或者新罕布什尔州某些著名的高中就读；还有一些大公司的职员，会在孩子进入高中后调动到外州工作几年，同时把孩子转到外州的学校就读。这些方法能在一定程度上降低竞争的激烈程度，但如果考虑到自身的发展和经济负担，这其实也不是容易的事。中国的情况也是类似的。因为不同地区录取分数线不同，于是有一些喜欢钻营的家长会在孩子高中时期为孩子跨省换学校。

1　美国一个知名的非营利性职业和技术学生组织，也是美国最大的中学生商业领导力教育组织之一。DECA 举办的全美高中生行业挑战赛，有"商业奥林匹克"之称。

了解了这些基本事实，你就会明白为什么家长想让孩子超过自己的这种期待是不切实际的。认清现实后再来看"鸡娃"这种教育方式，且不说吃力不讨好，投入了大量的时间和金钱得不到什么效果，就算孩子以这种方式进了好大学，一旦断了鸡汤，也可能后继无力，孩子难以取得长久的发展。

教育的三个误区

要真正回归到教育本身，不再"鸡娃"，家长必须想清楚三个问题，或者说避免三个误区。

第一个误区是认定孩子必须比自己强，上的学校要比自己好，否则就是教育失败。

经过理性思考，我们就能明白，阶层存在向上的流动，但不是所有人都一定能超越自己的父母。家长需要思考一下，孩子不能超过自己就是失败吗？如果家长能把用于"鸡娃"的精力拿出一半，去发现孩子真正的特长和兴趣，让他按照自己的意愿快乐成长，这对他一生的帮助一定比逼他考试多考几分的帮助大。

我自己从来没有逼孩子学习过，也没有逼她们参加过什么竞赛。虽然我知道如果她们接受点专门的辅导，去参加一些数理化竞赛，在申请大学时会有帮助，但既然她们表示不愿意做那些事，我也就没有勉强。在高中毕业时，她们都觉得人生头18年过得很快乐，对今后的人生也非常期待。

顺便补充一句，中国自改革开放之后，经历了40多年快速发展的时期，这在人类历史上是仅有的一次如此长时间的快速发展时期。在这期间，各阶层的人都获得了巨大的发展机会，这在世界历史上也是唯一的一次。因此，很多家长觉得孩子超过自己是必需的，而且是很容易的。这其实是一个误解。家长们应该允许孩子的成就不如自己，只要他们过得好就可以了。

第二个误区是觉得在一线城市，孩子考上好大学的机会一定比在其他地方多。

这是只看到了竞争者的数量，却忽略了竞争者的质量。有人说，清华、北大在北京一个市的招生比例是1%，在四川整个省的招生比例却可能只有0.05%，难道这不意味着在北京考上清华、北大的概率更高吗？事实未必如此。

我们真正要看到的是，如果孩子的成绩确实有机会达到清华或北大的录取线，那么，和他处于同样水平的竞争者，到底哪里更多。打个比方，张三是国家级运动员，他要关注的对手应该是那些同样有能力参加国家级比赛的人。一场比赛只有10个人参加，但对手都是和张三水平差不多的优秀运动员；另一个比赛有

1000 人参加，但除张三之外的参赛者都是业余人士。很显然，第二个比赛虽然参加的人更多，张三获胜的概率却更大。同理，如果你的孩子成绩足够好，那么跟他处于同样高水平的人，北京肯定比四川的密度高得多。这种现象不仅存在于那些奔着清北去的学生当中，但凡是想追求卓越的人，都要面临这种情况。

我女儿读的高中算是美国升学情况非常好的学校了，每年能有 20% 的毕业生进入全美排名前 10 的大学，而在附近其他好的高中，这个比例可能会小一个数量级。由于美国没有标准的分数线，各个大学在招生时都会限制在那些著名高中的录取人数，再好的高中获得的录取名额也是有限的。因此，到了高中阶段，就会有一些自觉竞争力不够强的学生转学到好学区的公立高中。这样，他们申请学校的结果通常会比原来跟自己水平差不多的同学好很多，因为他们是在一个平均水平稍差的池子中竞争。

当然，这种做法在中国行不通，因为同一个地区的分数线是一样的。虽然在不同地区考上名牌大学的竞争程度肯定会有所不同，但跨地区高考受到严格管理，往往需要举家搬迁。虽然不能排除个别家长为了孩子升学换工作地点的情况，但大部分家长都不可能为此放弃一辈子的职业发展机会。事实上，教育水平越高、人才越多的地方，发展的机会一定越多，孩子见的世面也多，但是孩子升学压力也一定更大。如果因为全家选择了在经济发达地区生活而使孩子升学变得困难，家长也要想开点，毕竟甘蔗没有两头甜。在这种情况下，千万不要强求孩子超过自己。

最要命、最坑孩子的是第三个误区，就是认定只有上名校才有前途。

我那些清华的同学，他们的孩子似乎没有上清华的。但我看这些年轻一代的发展，似乎也不比他们上了清华的父母差。上一所好学校，只是给年轻人未来发展的一个维度加了一些分。人的成长是多维度的，而书本知识以外其他维度的成长，实际上要靠社会这个大学校来教育。

前一阵子，一个朋友分享了他的孩子在美国上大学的经历，我听了颇为感慨。这个朋友一家到美国的时间比较晚，孩子高中时英语水平不太好，家里人也不太懂如何申请美国的大学。结果，孩子高中毕业时没有被任何一所像样的大学录取，只能在一所离家不远的两年制社区学院就读。在就读期间，孩子补上了英语短板，每门课的成绩都是 A 或者 A-，平时还在学校旁边的奶茶店打工养活自己。两年后，他申请转入加州大学，这有点类似于中国的专升本考试。由于这段励志的经历，最后他被加州大学的三所分校录取了，而他选择了其中最好的圣地亚哥分校——该校在美国所有大学中排名在前 50，不少专业还在美国大学中名列前茅。到了加州大学圣地亚哥分校后，这个孩子依然保持着边学习边打工的习惯，给一家房地产公司做中介。这样半工半读的做法不仅让他能不依靠家里的资助完成学业，还让他一毕业就找到了一份不错的工作。这个孩子现在依然很年轻，将来能走多远也还无法下结论，但从他一路努力过来的情形看，未来的发展应该不会太差。

一个社会对人的要求是全方位的，人的能力也是综合的。一个学生，就算是成了"牛娃"，成了"英澳混血牛"，也只是奥数学得好，英语考得好，离成为有用的人才还差得远。当然，离我们真正的目标——幸福生活，就差得更远了。

*

讨论完"鸡娃"这种现象，你不难发现，真正值得我们关注的，是"鸡娃"背后的家长的问题。"内卷"也好，"鸡娃"也罢，都让很多家长和学生偏离了教育原本的目的。受教育，原本是学生和知识之间发生关联，而不是学生之间产生不必要的竞争。今天很多人对教育的看法，已经偏离了教育的初衷，把它片面地理解为一场要赢得同龄人的比赛。这既给自己带来了无尽的烦恼，也耽误了年轻人的成长。

结语

　　人有时走得太远，反而忘记了为什么出发。接受教育是为了获得成长，为了追寻更好的生活，而生活的目标应该是幸福，在此之外的东西只是达到幸福的手段而已。每个孩子都是上天给予家庭的天使，他们应该有自己的生活，活出自己的人生，而不是为了父母的期待从小成为"鸡娃"，或者以后成为"牛人"。如果忘记了原本的目的，眼中只剩下手段，只会离幸福渐行渐远。

　　世界上有两种体育比赛，一种是田径、高尔夫球、射击这样的比赛，有客观的成绩，参赛者只要专注于提高自己的成绩就行；另一种是对抗型的比赛，比如足球和篮球，胜负取决于双方的表现。求知原本应该属于第一种，现在很多人却把它变成了第二种，不是希望自己好，而是希望对方坏。因此，大家能做的不是一条路走到黑，通过内卷和"鸡娃"寻找机会，实现自己的价值，而是应该根据自身特点活出自己的人生。

2

教育的内容

明确了为什么学之后，接下来的问题就是学什么，或者说教育的内容是什么。

关于学什么，大家经常会有这样三个问题：

第一，在学校学的知识是否有用？很多人会觉得，我又不想当数学家，为什么要花那么多时间学习几何学？或者，我又不想当作家，为什么要花那么多时间练习写作，读那么多经典著作？

第二，到底是应该多花时间在学校学习，还是应该早点工作，在工作中学习？持这两种观点的人都有，他们也都能找到一些支持自己观点的例子。尤其是很多人特别喜欢举某几个人退学后创业成功的例子，以此来证明边工作边学习更有效。但事实不是这样的。的确，今天有很多人接受了16年的正规教育，大学毕业后却找不到合适的工作，于是怀疑在学校学的知识是否有用。这种怀疑是有道理的。但我们应该看到，接受过高等教育的人通常要比没有接受过高等教育的人过得好。因此，说学校教的知识没用显然也是不公平的。

第三，在课外学的那些才艺是否有用？很多人希望孩子将来能成为精英，或者能过上"上等人"的生活，为此给孩子报了很多才艺班。但他们很快就会发现，这些才艺并不能帮孩子升学、找工作，甚至不能让孩子更享受生活。

　　对于这三个问题，其实并不存在简单的肯定或者否定的答案。教育的内容是多样的，是因人而异的，而且是随着一个人成长阶段的发展而改变的。下面，我们不妨来看看那些有影响力的教育家是怎么讲的。

分类：如何甄别有用的知识

相比于古人，甚至是相比于上一代人，今天人们担心的问题不是知识匮乏，而是知识过剩——人们不再担心学不到知识，而是担心没有时间学，或者花时间学的知识派不上用场。因此，人们总在强调要学习有用的知识。

其实，自古以来就不断有人在问，什么是有用的知识？比如，古希腊时期的人就在争论什么是更有用的知识。他们把知识分成两类，一类是自由民需要学习的知识，另一类是奴隶具体干活所需要的知识。前者就是我们常说的通识，比如哲学、数学、修辞学、音乐等。它们被称为 Liberal Arts（拉丁语是 Artes Liberales），liberal 和 liberales 都是自由的意思，arts 和 artes 则指代艺术以及各种学问和技艺，这两个词合在一起，就表示自由民要学习的知识和技艺。从"通识"这个词的来源可以知道，今天我们所说的素质教育的知识是为那些把自己当成社会主人的人准备的；如果一个人只把自己当成挣钱的工具，那么他其实并不需要学习这些知识，掌握一门谋生的手艺就好了。

在古希腊，像苏格拉底这样的自由民虽然也要工作，但他们有充足的闲暇时间来思考、讨论问题，经常会在广场上辩论。想以这种方式和心态生活，你必须掌握通识知识，否则就和其他人无话可说。当然，古希腊人对物质生活不是很看重，他们会觉得有面包就着橄榄油吃，有一盘蔬菜和一些葡萄酒就足够了。如果想挣大钱，过上奢侈的物质生活，这些通识知识可能派不上用场。

除了自由民，古希腊还有数量不少的奴隶，他们大部分人并不是一直被羁押着，或者戴着脚镣被强迫劳动，他们只是没有人身自由，需要靠劳动谋生。这些人在希腊的政治生活中没有发言权，不需要学习修辞去和别人辩论，更不需要学习数学和哲学去了解世界，他们需要学的就是谋生的手艺。因此，各种具体的谋生手艺就不属于通识的范畴。

到了近代，不再有自由民和奴隶之分，每个人都要靠自己的能力养活自己，因此就不能再把知识分为自由民的知识和单纯谋生的知识。相比古代，近代产生了很多科学知识，掌握科学知识的人通常对社会贡献很大，因此很多人认为这是最有用的知识。此外，一些新的人文学科的知识，比如法律和经济学的知识，在社会生活中也很有用。这时，人们就不得不重新回答什么是有用的知识这个问题了。在所有教育学家和社会学家对这个问题的回应中，我认为英国学者赫伯特·斯宾塞（Herbert Spencer）的回答最好。因此，下文我就围绕斯宾塞的理论，从有用性这个维度来谈谈知识的层次。

知识的层次

在历史上，斯宾塞这个人颇有争议。斯宾塞可以说是 19 世纪英国在学问上的集大成者，他对很多课题都有贡献，包括哲学、宗教、政治学、社会学、生物学、心理学等。同时，他和赫胥黎一样，也是达尔文进化论最坚定的支持者。看到这里，你可能会觉得有点奇怪：这么了不起的一个人，我怎么从来没听说过？这主要是因为他还有一个身份，就是"社会达尔文主义之父"，而这个身份让很多人刻意回避了他的思想。不过，就事论事，他的很多思想，包括在教育学上的思想，都是非常有道理的。

在《教育论》（*Education*）一文中，斯宾塞举了一个关于衣服的例子，把知识粗分成了两大类。斯宾塞讲，衣服有两个功能，一是保暖，一是炫耀。一个人如果过分注重衣服的华美，而忽视它的保暖功能，就有可能会在雨中被冻得发抖。知识也是如此，有些知识是我们需要的，有些知识则是用来炫耀的。

比如，在斯宾塞生活的 19 世纪，英国有些上流人士学了希腊语和拉丁语，在讲话时总会时不时地冒出一两句，这就是为了炫耀。今天很多人学的知识或者技能，其实也只能用来炫耀。比如，有些家长送孩子去学击剑，孩子以后恐怕基本没有机会使用，因为击剑需要两个人，而一个人很难在所在城市找到一个会击剑、能和自己一起比赛的人。斯宾塞很反对人们为了显得高人一等而学一大堆没用的东西。根据这个原则，除非孩子非常感兴趣，否则今天很多兴趣班教的东西都可以被忽略。至于什么是需要的知识，斯宾塞认为要从个人需要和社会需要这两个维度来考虑。个人需要的知识很好理解。假如你想当一名医生，就需要学习医学知识，这就是个人需要。接下来我们重点谈谈社会需要这个维度。

社会需要的知识一定是有价值的。比如，今天的社会既需要理工科知识，也需要人文学科的知识，因此它们都有价值，这一点无庸讳言。但是，对于这些有价值的知识，我们还需要了解它们的比较价值，也就是它们的优先级。举个例子，考古学有用，但它的用途可能没有那么大。或许要有上千个出土文物，考古学家才能从中发现一点点古代社会的生活习俗。这当然可以写成书，也可以成为大家街谈巷议的素材，但对绝大部分人来讲，这些东西未必有用；对一个国家来讲，这也不会比计算机科学领域的知识更有用。斯宾塞讲，如果你有 1000 年的寿命，不妨花点时间在这上面，但是"人生几何"啊！在这有限的时间里，你恐怕有更重要的事情需要关注，而一切要关注的事情都需要和"生活好"这个核心相关联。斯宾塞列举了一些我们必须优先做的事情：

1. 让自己的行为合乎道德；

2. 练就一个健康的身体；

3. 培养自己的心智；

4. 处理好工作中的事情；

5. 带好儿女；

6. 成为一个好公民，并且利用自然界的资源增进人类的福祉。

做到这些事，我们就能成为对自己和他人都有益的人，同时生活也能变得圆满。可以说，这些事是我们人生中的大事，而与它们相对应的教育和相关的知识，就是最具有比较价值的。根据上述优先次序，不同知识相对价值的排序可以分为 5 个层次：

1.直接用于自我保全的知识，包括所有用于谋生的技能和为人处世之道；

2.间接用于自我保全的知识，包括所有能为自己更好地发展而锦上添花的知识；

3.为人父母的知识；

4.作为社会公民的知识；

5.在社会生活中，提供或享受各种文化娱乐活动的知识。

其中，直接用于自我保全的知识和间接用于自我保全的知识分别是最重要和次重要的。斯宾塞用一个例子说明了这两者的差别。他说，如果有两个人，一个人掌握了在社会上谋生的基本手段，并且知道如何教育孩子；另一个人善于经商赚钱，但除此之外其他方面都很欠缺。如果想过一种完美生活，后者比前者的难度要大很多，因为前者具备了在社会上生存发展的最直接的知识，而善于经商赚钱，只是前一种知识的锦上添花，属于间接次要一些的知识。有人可能会觉得，经商也是一种技能啊。但是从整个社会角度看，需要先把东西做出来，然后才是如何卖。今天办公司的人都知道，先要招干具体活的人，然后才会招销售。而在大公司里的人也都有体会，大公司在裁员时，通常会先裁销售人员，再裁开发人员。此外，需要特别指出的是，在所有最基础的知识中，斯宾塞认为科学知识又是最基本、最重要的。这一点不难理解，我就不赘述了。

在后面三类知识中，斯宾塞把为人父母的知识放在作为社会公民的知识前面，这和我们过去把"齐家"放在"治国平天下"前面是一个道理。在中国，人们在成为社会公民这方面的意识刚刚觉醒，但是对于在单位做一个好员工的概念却不陌生。按照斯宾塞的这个排序，为人父母要优先于成为好员工。比如，作为一个家长，你要把开家长会的优先级放在上班前面。事实上，在欧美国家，如果员工为了开家长会请假，单位是要无条件批准的。现在很多影视作品一直在展现跟这完全相反的情况，比如一些人为了工作忽视对孩子的教育，甚至没时间开家长会，老师打电话到单位告状等。这其实是做人失败的体现，也不应该被鼓励。毕竟，如果教育出一个问题儿童，他将来对社会潜在的危害，远比家长做的那点工作所带来的好处大得多。

在知识重要性的排序中，用于自我享受的知识排在最后一位。很多家长觉得孩子应该学点琴棋书画，这当然没错。不过，根据斯宾塞的观点，这纯属锦上添花。如果还用衣服举例，这些知识就是衣服上的花边。如果你想把一件衣服的价格从 100 元提高到 300 元，这些装饰是必要的；但如果一件衣服连基本的功能没有达标，这些装饰就只是累赘，价值是负的。对于这种比较，有人可能会觉得，既然衣服的基本功能只值 100 元，而装饰功能值 200 元，说明后者价值更大，我们应该优先做那些事情。实际上，这是把无条件的价值和有条件的价值搞混了——只有当前者的条件被满足后，后者才能被体现出来。这就如同苹果手机，虽然它的高附加值来自更好的体验，但如果用它打不了电话、上不了网，那么后面做的一切都是白费的。同样的道理，如果一个孩子连基本的课程内容都学不好，家长却试图通过培养他的才艺让他脱颖而出，后一种知识和技能其实也是产生不了任何价值的。

即便对于大人，这个原则也成立。你可能知道，很多体育明星的主要收入其实来自广告代言，而非体育竞赛本身的奖项。但这也是有前提的，那就是他们的比赛成绩要足够好，一旦成绩有所下滑，广告商很快就会跑光了。

*

最后，我来谈谈自己的感悟。

首先，斯宾塞的思想虽然只是一家之言，但非常有道理。他根据我们的需求和知识的作用，将知识分为不同的层次，这很方便我们理解，也方便我们操作。

其次，第 3 层和第 4 层的知识，也就是为人父母的知识和作为社会公民的知识，是我们今天的教育最欠缺的，也是被很多人忽视的。在中国古代，只要是稍微体面一点的家庭，都会强调"家教"。其实，家教就是为人父母的知识的一部分。今天很多人纠结寒门和豪门哪个更容易出"孝子"[1]，其实接受了很好的家教，懂得照顾他人并且付诸实践的人就是孝子。而能否接受这种教育，和一个人上的学校好不好、家里有没有钱没关系。很多人家庭条件优越，却没有接受过这种教育，在这方面的知识是零。另外，我们常常讲的基本素质教育，包括我们常说的文史哲等人文学科的知识，也被斯宾塞归结为为人父母的知识。因为，没有这些知识，很难成为现代社会称职的父母。

最后，作为社会公民的知识以后会越来越重要，因为将来的社会是公民社会。和每一个人打交道时，我们都需要这种知识。在 2020—2022 年的疫情期间，很多人发现，那些远亲，包括身在异地的父母、子女，在关键时候都帮不上什么忙，真正能帮助自己的是朋友、同事以及社区里那些原本没有打过交道的人，甚至是互联网上的一些陌生人。在身处这样的现代社

1　这里的孝子是指尊老爱幼、体面的人，而非封建专制时代所定义的孝子。

会，一个人过得好不好就与公民教育有关了。而这种教育，是学校和书本不会教的。

延伸阅读

　　［英］赫伯特·斯宾塞：《斯宾塞教育论著选》

差异：不同阶段的教育
有何区别

很多年轻人及其父母都会遇到以下三个问题：

1. 为什么我（或我的孩子）到了大学以后不能适应大学的生活和学习，觉得比高中辛苦多了？

2. 我（或我的孩子）要不要出国留学？该不该读研究生？

3. 我（或我的孩子）是该读到硕士，还是该读到博士？它们只是时间长短不一样吗？

这三个问题都和另一个更基本的问题有关，那就是初等教育（基础教育）和高等教育有什么区别，或者说是不同阶段的教育在内容、目的和方法上有什么区别。

关于教育的阶段，最简单的划分方法就是把它分为高中毕业之前的初等教育（即基础教育）和上大学之后的高等教育。当然，这两个阶段又都可以继续细分。那么，为什么要把教育从高中和大学之间切一刀呢？一方面，是因为两者之间的教育目的、教育内容以及学习方法有巨大差异，而它们各自内部不同阶段的差异则比较小。另一方面，是因为初等教育几乎每个人都会接受，它是必选项。如果一个人没有接受初等教育，他几乎就无法在社会上生存；而高等教育是可选项，有一点锦上添花的意味。

初等教育时期家长容易忽略的两大问题

我们先来看初等教育。初等教育包括学龄前教育一直持续到高中毕业，占了人生的很大一部分。你肯定也经历过这个时期，对此有亲身体会。这里我想重点谈谈人们会忽略的两个问题。

第一个问题是父母对子女陪伴的问题。

现在很多家长认为，要想让孩子赢在起跑线上，就要让孩子更早接受教育，于是花钱送孩子去上补习班，以为这就是给了孩子最好的教育。实际上，对学龄前的孩子来说，父母的陪伴和关心更加重要。如果做不到这一点，其实一开始就输了一局。

在小学之前，教育中最重要的角色是母亲，这一点从古至今都没有太大改变。在古希腊和古罗马，男孩在 7 岁之前是在母亲那里接受教育的。中国古代，也有著名的"孟母三迁"的故事，说孟母多次搬家，就为了给孟子找一个"学区房"，但她做的更重要的事其实是让孟子从小懂得了教育的重要性。日本和韩国的基础教育做得非常好，这和很多母亲牺牲了自己的事业，花功夫关注孩子的教育有关。不过需要指出的是，很多家庭忽视了父亲陪伴的重要性。中国和日韩的很多家长认为，一个家庭应该男主外、女主内，男人负责在外面挣钱，女人负责管家，包括管孩子。在今天这种大家普遍都很忙碌的情况下，很多爸爸正处于事业发展期，每天早出晚归，一个星期见不了孩子几面，这其实就耽误了对孩子的教育。

有人可能会说，我不懂幼儿教育，就算在家也帮不上忙。其实，即便父母不懂如何教孩子学习，也可以陪他们玩、了解他们在学校的情况。有人曾经问我，我对孩子小时候印象最深的事情是什么。我记得那时每天去学校接孩子，要开一个多小时的车才能到家，我累得很，但大女儿每次都会跑来找我跟我一起玩。那时我就体会到，对她来讲，我和她玩特别重要，因此即便再累，我也要陪她玩到她满意为止。后来，我们搬到了加利福尼亚州，因为还不认识太多人，也没有找到好的美术老师，我就每个周末都教她画画。在陪伴孩子成长的过程中，我和太太才学会了如何做父母。

第二个问题是基础教育内容的问题。

现在很多人以为，小学就学两三门课，基础教育的内容不多；还有些人走另一个极端，所有课程和才艺都想让孩子试一遍。这两种看法都失之偏颇。下面不妨来看看各个文明基础教育的内容有什么共同的特点。

从古至今，基础教育内容的变化相对较小，因为它们都是为了给孩子打基础。既然是打基础，就需要有一定的广度。

先来看看古代西方的基础教育。在古希腊的军事化城邦斯巴达，直到 12 岁之前，孩子们都要在军事学院锻炼身体素质和战斗技能。同时，他们还要接受阅读、写作和算术方面的教育。之所以这样安排，是因为斯巴达没有多少战士，每个战士都要以一当十，也就必须成为"聪明的士兵"。而在雅典，即使偏重法律和音乐的教育，孩子们也仍然要接受阅读、写作和算术方面的教育，同时要进行体操和田径训练。这是因为雅典实行民主政治，一个自由民将来要参政，就必须具有基本的读写算能力。当然，他们也需要服兵役，因此需要进行身体训练。

到了古罗马，基础教育分成了两部分。第一部分的基础内容是学习拉丁语和希腊语，接下来要学习总结观念，练习口头和书面表达，最后要通过对生活经验的学习来理解社会。第二部分是所谓的"四等分教育"，也就是算术、几何、天文和音乐教育。这种分类方式有点类似于今天的文理分科，但古罗马对孩子的要求是这两部分的内容都要学。

至于古罗马之后的欧洲，由于进入到了蒙昧的中世纪，教育落后，也就没有参考价值了。

再来看看中国古代的基础教育。在中国古代，士这个阶层的人要从小学六艺，即礼、乐、射、御、书、数，这和很多人为了考科举只读圣贤书有很大的区别。可以说，中国古代的士是自由民，而想通过科举进入管理层的人还是在替人打工，因此他们学的东西有所不同。

从东西方基础教育的内容中可以发现，它们有一个共同的特点，就是强调教育的全面性。在接受了全面的基础教育之后，一个人就能对周围的世界形成全方位的认识。我通常会用图2-1来展示我所理解的不同阶段教育的关系——在一个人的知识体系中，小学时期的基础教育处于中心位置，而且它需要是全方位的。

今天，对于读写算、自然常识、历史常识、音乐、绘画等知识，小学生多少都应该知道一点。这些内容学校也都在教，只不过除了小学升初中要考的科目，其他被列为辅课的课程都不受家长和学生重视。可是，等孩子将来长大了，发现自己在

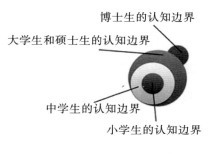

博士生的认知边界

大学生和硕士生的认知边界

中学生的认知边界

小学生的认知边界

图2-1　不同阶段教育的关系

基本功和认知上有欠缺，想补救也已经晚了。

当然，在不同文明和不同时代，基础教育的具体内容有细微差别。比如，古希腊城邦更重视通识教育，古罗马则更重视修辞和表达。为什么呢？希腊城邦都是小国寡民式的，人人参政，所以每个公民都要有良好的通识教育基础。古罗马则是一个大帝国，管理者需要有领导力，能够鼓舞人心。如果了解古罗马的历史，你就会发现，古罗马的很多管理者都是著名的演讲家，而这和他们从小接受的教育是分不开的。

从上述情况不难看出，基础教育的目的是让孩子获得在某个特定的社会生活所需的最重要的一些能力，包括形成对世界的看法，学会一些基本的方法和工具，便于将来继续学习具体技能。所以，每当有人问我该不该让孩子从小就出国留学，我都会先反问一句：你的孩子将来会在哪里生活？要知道，各国的基础教育都是为了让人在那个国家生活而准备的。

想清楚了基础教育的目的，你也就能明白为什么我会说对很多小学生来讲，上编程和奥数这样的课程是在浪费时间了。毕竟，在基础教育阶段并不需要学习这么具体的技能，学这么多反而可能耽误孩子的全面发展。如果一个孩子天资聪颖，好奇心强，早点学习这些内容也无妨。如果一个孩子连学校教的内容都没有掌握得特别好，就不要在这方面浪费时间了。等他之后真的对计算机和数学感兴趣了，再往这些方向发展也不迟。就拿我自己来说，我在上大学之前完全没有碰过计算机，但在完成高等教育之后，我对计算机本质的理解不在任何中学就参加计算机比赛的学生之下。我在第 4 章会讲到，回过头来看，靠提前抢跑建立的那点优势对长远发展的影响微乎其微。

今天，由于人类寿命的增长，社会分工变得越来越复杂，人们不得不把基础教育的时间延长。虽然中国的义务教育只到初中，但在高中，学生接受的其实还是全方位的基础教育，只不过所学知识范围更广、更丰富。从图 2-1 可以看出，中学阶段的教育就是在小学教育的基础上包了一个同心圆。

中学毕业后，人就会对世界有一个全方位的了解。如果做不到这一点，即便高考分数再高，也说明中学教育是失败的。这也是为什么在 18 岁之后，人就需要承担成年人的责任和义务了。

对很多人来讲，除了以后会继续学习的领域，他们对世界其他维度的了解在 18 岁就几乎定型了，以后很难再有所提高。比如，今天绝大部分家长对化学、生物、历史、地理等的了解，都不会超过自己 18 岁时的水平，哪怕他后来又活了好几个 18 岁。因此，如果人在 18 岁时对某个维度的认识有较大的欠缺，那么很可能一辈子都补不回来。比如，一谈到历史，很多人就不自觉地陷入各种阴谋论，这就是因为过去历史没学好。再比如，很多人不知道蛋白质不能被身体直接吸收，花大价钱去买所谓的含有各种特殊蛋白质的补品，这就是因为最基本的生物没学好。

2020 年夏天有一则新闻，说江苏省高考文科状元被清华、北大双双拒绝，因为她有一门选修科目的成绩是 B+，和这两所大学的要求相差太远。不少人为她鸣不平，但在我看来，清华和北大的做法是合理的。

首先，既然已经有了明确的录取标准，如果要破格录取一个不符合标准的人，就需要有一个很强的理由。而那位学生只是江苏省内数学、语文和英语三门考试总分的第一名，并没有达到让清华、北大认为可以破格录取的地步。此外，不难想到，如果其他学生也放弃对选修科目的复习，集中精力复习数语外，或许高考成绩会比她更好。所以，破格录取这位学生未必公平。在这件事情上，我认为清华、北大处理得比较公允，它们透露出了一种观念，就是肯定学生在中学教育阶段需要全方位的发展。

既然是全面发展，那么是不是应该让孩子把所有可能的课程或者才艺训练都尝试一遍呢？对大多数人来讲，这种想法不具有可操作性。通常来说，需要通过一段时间的练习，才能知道一个人是否具有某方面的天赋，或者是否喜欢某项技能。而且，大部分人都会对自己擅长的事情比较感兴趣，觉得自己在这方面有天赋。比如，一个小朋友比班上其他同学踢球踢得好，他就会觉得自己在这方面有天赋，也愿意花更多时间练习。如果练习时间不够多，没有到熟练的程度就放弃了，那么即使他有这方面的天赋也可能会被埋没。一个孩子可支配的时间是有限的，因此能尝试的才艺也是有限的。很多家长生怕埋没了孩子在某方面的天赋，于是给孩子报了一大堆兴趣班，结果反而会适得其反，每一项才艺都练不到熟练的程度。

今天很多人喜欢同时处理多件事情，我倒是依然坚持一段时间重点做好一件事的做法。这样，时间和精力花够了，常常会取得比别人更好的结果。

高等教育的内容和目的

到了大学，就进入高等教育阶段了，这时的教育和初等教育会有很大的差别。世界上任何一所大学，无论它如何强调自己是以通识教育为主，其学生在毕业时也是有自己的专业的。在图 2-1 中，我用一个偏离原来中心的大圆来反映大学教育的这个特点——代表大学教育的那个圆是往专业方向倾斜的。有了这样的倾斜，也就有了人与人在知识结构上的差异。这方面一个很典型的例子是，中学时，同学之间聊天基本不会出现鸡同鸭讲的情况，而到了大学，不同专业的学生有时还真聊不到一块去。

但是，在这个示意图中，大学生的认知边界仍然是一个圆，因为今天的大学教育虽然有专业之分，但依然有通识教育的成分。比如，你在大学学的专业是机械工程，你将来未必会做这方面的工作，但你因此对机械工程有了全面的了解，拓宽了自己的认知边界。另一个同学学的是生物学，他的认知边界和你的可能有所偏离，但基本上也会维持一个圆形，他需要对生物学的各个分支以及物理、化学有全面的了解。

到了硕士阶段，一个人知识体系的重心开始真正往一个方向偏移，因为这时他已经没有时间和精力在每个方向都有所前进了。

到这里，就可以回答要不要读硕士的问题了。

今天，绝大部分人在本科阶段所学的知识，都不足以让他们从事专业性很强的复杂的工作。比如，写一份专利申请书，或者参与设计一个芯片，本科的知识其实难以胜任，它们需要更多的专业知识。这时有两种进一步学习的方法。

一种是在工作中由师傅带。比如，一些计算机专业的本科毕业生到谷歌、微软或者亚马逊等大型跨国企业工作，前几个月，公司并不指望他们能完成什么工作，主要是在培训他们。另外，一些著名的咨询和审计公司通过让刚毕业的学生做项目来培训他们，那些人其实是通过工作获得了一种类似于硕士研究生的训练。这些公司招人时通常只看求职者的毕业学校（需要名校）和平均学分绩点，而不管他们所学的专业。因为他们假定这些人在大学接受的都是通识教育，处理专业性工作的能力需要由公司来培训。

另一种方法是读硕士，并在这期间完成对专业知识的学习和专业做事技能的训练。在美国，一个人硕士毕业去找工作，用人单位不仅需要他专业对口，还会假定他一进来就能上手工作。如果是博士毕业，用人单位则会假定他能解决之前没有解决的难题。

当然，还有些人想问，自己需不需要读博士，这就涉及硕士生和博士生的区别了。社会对硕士生的要求是他们能使用前人的经验，解决实际的问题；对博士生的要求则是他们能发现前人不知道的知识。在美国，但凡稍微像样一点的大学都会要求博士生对人类的知识有所贡献，学生做不到这一点就无法取得博士学位。需要注意的是，这里说的博士是指哲学博士（Ph.D.），而不是指各个专业领域的博士，比如法学博士（JD）、医学博士（MD）和欧洲一些国家的工程博士（D.E.，Doctor of Engineering）。这些专业领域的博士不需要发现新的知识，而是需要在行业中使用好现有的知识。当然，今天很多大学文凭发得太泛滥，博士只是大一号的硕士，这其实是违背博士培养初衷的。读这样的博士，可能还不如在一个好公司工作学到的东西多。

为了强调博士生的培养特点，我在图 2-1 中用超越原有边界的突出部分表示博士生的认知边界。为了让大家看清楚，我在图中将它画得很大。但实际上，它通常只是一个不显眼的小鼓包。

在美国的名牌大学里，本科毕业生大约有一半会读研究生，但是打算读博士的研究生连 10% 都不到。实际上，如果不想对人类的知识有所贡献，只想用现有知识解决实际问题，读硕士就足够了，不必浪费时间读博士。如果一所大学把博士生培养成四年制或者五年制的硕士生，不要求达到"超越人类原有认知边界"这个要求，那么，这种博士不读也罢。把这个时间投入到工作中不断学习，可能收获更大。

理解高等教育容易陷入的三个误区

今天，很多人对高等教育的理解存在三个误区。

第一个误区是过分强调本科的专业性。比如，一些人学了某个专业，就非要找这个专业的工作。其实，本科阶段学的那些东西只能让人了解专业概况，培养相应的能力，想要真正从事相关专业的工作，还需要学很多专业知识。另外，虽然有些用人单位可能会过分强调本科专业对口，但实际上，只有那些急功近利的单位，或者自己水平还没有本科生高的单位才会这么做。真正知名的企业都不强调本科专业对口，因为它们知道自己会继续培养人。

第二个误区是没有分清硕士和博士的区别，这一点已经讲了，这里就不赘述了。

第三个误区是进行过博士研究的人，经常会把与他专业领域相关的事物看成全部世界。在他眼里，世界不是圆形的，而是扇形的，他所擅长的东西都是扇形的中心，就像图 2-2 里画的那样。

图2-2　博士生眼中的世界

有时候人们可能会觉得一些博士好像很傻，这并不完全是偏见。因为在有些博士眼里，他们比别人多出来的那些认知（图 2-3 中鼓包的部分）占到了未知世界（图 2-3 中大圈内的空白部分）的大部分。而实际上，真实世界可能像图 2-3 所描绘的一样，知识的边界比人的认知边界广阔得多。

知识真正的边界

图2-3　知识的边界

也就是说，博士也好，专家也罢，他们对未知世界的了解都不过是比其他人多出了一个小点而已。如果在获得这一点新知之后，依然能够全方位地看待世界，那么没有人会觉得他们傻。与此同时，如果我们迷信专家，也可能会从原本全面看世界的视角，进入一个角度很局限的扇形，这就变成了盲从。

教育就是拓展一个人认知边界的过程，到了高等教育的最前沿，你甚至会接触到开拓整个人类认知边界的机会。但是，如果一个人过早地认定一个方向发展，只重视这个方向的知识，忽视了其他领域的知识，他可能会以为自己能在专业领域发展得更快，但结果通常会适得其反。

*

最后，讲几句我对上大学的看法。在现代社会，如果有条件，我认为每个人都应该上大学。今天的世界比过去复杂多了，我们需要对它有相对深入的全方位认识，而想做到这一点，最便捷的方式就是上大学。

至于该不该读硕士，就因人而异了。如果一个人将来的发展不依赖于某个特定领域的知识，而是需要有全方位的认知，同时又有机会边工作边学习，那么可以不读硕士；如果他将来的发展需要某个特定领域的知识，工作中又没有什么学习的机会，那么可以考虑读硕士。

如果一个人不打算在某个维度突破人类的认知，其实没必要读博士。但是，如果真的想从事某个领域最前沿的研究，读博士就是一条必经之路了。

至于是否该出国留学，一来，要看关于未来的愿景，以及在哪里生活；二来，要看经济情况，看投入和回报是否划算。

潜力：课外活动有何必要性

　　课外活动是教育不可或缺的一个环节。参加课外活动的好处有很多，每个人都能列出一个不短的清单。而我通常会把这些好处分为两大类：一类是补足课内学习的不足，另一类是拓宽自己知识和技能的边界。今天很多人可能会觉得，课外活动是那些大城市名牌中小学的学生需要参加的锦上添花的事，我们这些小地方的学生，课内学习还赶不上他们呢，哪有功夫参加课外活动呢？

　　其实，根据美国的经验，小地方的孩子想要在进入大学后做到各方面的素质比肩大城市的孩子，恰恰需要多参加有益的课外活动。

教育的地域差距

　　在讲美国的经验之前，我们要先了解一个事实——在全世界范围内，所有试图让乡村和小县城的教育成果向大城市看齐的努力从来就没有成功过。事实上，很多国家都在刻意拉平城乡之间、先进地区和落后地区之间在教育资源上的差距，包括学校的硬件条件和教师水平的差距。比如，日本会让各地中小学使用同样的教学设备，甚至会让各地中小学的老师轮岗。再比如，我国在教育投资和政策上都对老少边穷地区有所倾斜，甚至还有经常性的师资流动和支援等。但你会发现，这些做法都无法真正解决问题。

原因很简单，那就是大城市和小县城甚至乡村的生活环境完全不同。大城市里无形的教育资源，比如一流的公司和科研机构、图书馆、博物馆、音乐厅、剧院等，都是小县城没有的；再加上生活在大城市获得新知识快，等新知识传到小县城，可能已经过去好几年了。因此，即便县城和乡村中学的硬件条件跟大城市的一样好，大城市里的教育依然会走在前面。在过去的30年里，国内就一直呈现出这种情况。如今，一个小县城的中学大楼可能比30年前北京最好的中学的教学楼还漂亮，但两者之间教育的差距一点都没有缩小，今天小县城的教育水平可能依然比不上30年前北京那几所名牌中学。

让小地方的学生感到更加不公平的是，即使他们付出了多倍的努力，考上了北京或者上海的名牌大学，结果又怎么样呢？在大学里，大家也会看你的中学是什么。比如，不少清华毕业生会说"我是北京四中毕业后进清华的"或者"我是人大附中的"，以示自己根正苗红。在上海的一些名牌大学，我也见过这种现象。这不能完全怪那些大城市的孩子势利眼，因为除了偏见的因素，这种鄙视链实际上也反映了在分数之外，重点中学和普通中学提供的教育是有很大差别的。如果考察一下视野、科学素养和领导力等要素，你就会发现，大城市重点中学的学生往往有优势。

有些人在大城市生活，哪怕过得再苦也不愿意离开，因为他们很清楚，相比大城市的孩子，小地方出身的孩子一旦见识不足，以后就很难弥补，以至于很难走出贫困的怪圈。为了孩子，他们再苦也要熬下去。这是一种很现实的情况。

但是，小地方就一定出不了人才吗？当然不是，在美国，小地方出身的人才一点也不少。就拿我熟悉的信息领域来说，开创了信息时代的、最有影响力的人物，当属克劳德·艾尔伍德·香农（Claude Elwood Shannon）、艾伦·图灵（Alan Turing）、约翰·冯·诺伊曼（Jone Van Neumanm）、罗伯特·诺伊斯（Robet Noyce）、戈登·摩尔（Gordon Moore）和高德纳（Donald Ervin Knuth）这六个人。其中，香农提出了信息论和数字电路理论；图灵和冯·诺伊曼发明了电子计算机的数学模型和系统结构；诺伊斯和摩尔创立了最重要的两家半导体公司——仙童公司和英特尔公司，诺伊斯还发明了集成电路，摩尔提出了摩尔定律；高德纳则是计算机算法的祖师爷。这 6 个人无一例外都来自小地方。另外，我在谷歌的前同事、创立了生物科技公司 Grail 的杰夫·胡贝尔（Jeft Huber），也是一个从穷苦农村走出来的孩子。这些人虽然生长在小地方，但从小的见识并不比大城市的孩子差，而且他们能吃苦，发展潜力甚至更大。不仅信息领域如此，其他领域的很多领军人物也来自小地方。

今天，美国的农村和小镇也出了不少青年才俊。2021 年，我的女儿吴梦馨被选入在华盛顿举办的"柯立芝小参议员"夏令营，全美国共 100 人参加，他们被当作未来的政治领袖来培养。这个夏令营是完全按照学生的学业和社会服务水平择优录取的，不考虑种族、性别等因素。我女儿惊讶地发现，这 100人中有大量来自小镇和农村的青年，他们有的来自农民家庭，有的则来自所谓的灵活就业家庭。在夏令营里，大家要就美国的政策进行各种辩论，而这些小地方来的青年在见识上丝毫不落后于来自大城市的同龄人。

四健会：一种缩小城乡教育差距的思路

美国能做到这一点，主要是因为有四健会（4-Hclub）这样的基层组织。所谓"四健"（4-H），是指健全头脑（Head）、健全心胸（Heart）、健全双手（Hands）和健全身体（Health）。四健会其实代表了美国的一类基层组织，他们另辟蹊径，找到了一个解决小城市和大城市教育差距的有效方法。那么，他们到底是怎么做到的呢？

先来说说四健会创始人的思路。

四健会的创始人发现，小地方青年和大城市同龄人的差距体现在学业和非学业两方面。大多数人通常只能看到学业上的差距，却忽视了非学业素质的重要性。通常，小地方的青年很容易想到要去弥补学业上的不足，但在资源匮乏的情况下，他们可能要花两三倍的努力才能赶上大城市同龄人的水平。事实上，这往往是事倍功半的，还耽误了他们对非学业素质的培养，而最终决定一个人成败的因素中有很多是非学业的。

理解了这一点，再来看四健会的做法：他们主要是去弥补小地方青年非学业素质的不足，不是给乡村孩子们上更多的文化课，让他们考更好的分数，而是让他们从小接受现代文明的理念，在视野、科学素养和领导力等方面超越其父辈。要知道，学业上的差距，将来在大学多读一年或许就能补上；非学业的素质方面的差距，却常常需要很多年才能弥补，甚至可能一辈子都补不上。

接下来，我们看看四健会是怎么做的。

1902 年，俄亥俄州一位中学校长阿尔伯特·贝尔蒙·格雷厄姆看到了乡村青年的这种困境，于是启动了一个青年项目，希望通过一些切实可行的做法来帮助他们。他先确立目标和使命，就是"让年轻人在青春时期尽可能发展自己的潜力"。这个使命确定之后，他又考虑如何找一条切合乡村青年成长的道路。

那个时候美国乡村很多青年要务农，所以格雷厄姆把工作重点放在了边做边学上，让青年学习对改善农村生活有直接帮助的内容。比如，养成良好的习惯，健康生活，通过学习农业、科学和工程知识帮助农村发展经济，通过学习人文学科的知识加强公民意识和服务意识，通过培养领导力让自己有能力担任公职，等等。

格雷厄姆这个计划被认为是四健会的开端。随后，美国国会通过了《史密斯 - 雷佛法案》（Smith-Lever Act of 1914），由美国农业部合作推广这个计划，四健会开始在美国普及。今天，四健会的活动依然以乡村为主，不过也普及到了城市中，甚至扩展到了全世界 80 多个国家和地区。现在，美国有 9 万多个四健会俱乐部，会员都是 5~18 岁的青少年，会员总数大约有 650 万人，占美国中小学生总人数的 1/7 左右。

当然，后来美国的乡村已经很少有人继续务农了，因为美国农业人口的占比只有不到 2%，今天大部分人都成了小镇居民。与此同时，四健会对年轻人辅导的内容也与时俱进了，虽然依然是以工程、创新、领导力和社会实践相关的内容为主，但和农业有关的内容基本见不到了，取而代之的是一些与自然有关的知识，比如地理知识。

这样培养出来的人，他在高中毕业时文化课成绩或许不如大城市的孩子，但在其他方面的差距就小了很多。四健会成员中有许多人都很有成就，他们之中出过美国总统，出过哈佛校长和诺贝尔奖获得者，还出过著名的演员、运动员等。

我了解四健会是因为我所在的研究小组中有两个同学就来自宾夕法尼亚州和弗吉尼亚州的乡村。我们谈到乡村和城市受教育不平等的问题，他们就讲了自己参加四健会的经历。

这两个同学都非常热情、乐于助人，而且愿意为他人出头。我刚到美国时英语写作不算好，就经常请其中一位同学帮我审读。做事情时，他们喜欢亲力亲为，我们实验室的家具就是他俩带着我们去买的，买回来之后大家再自己动手搭建。看到他们两位，我就体会到了为什么美国社会的阶层流动性还不错——这两个人显然不是学霸型的人，但他们进入大学之后，经过几年的努力，就弥补了自己和大城市精英高中生的差距。

在四健会里，每个人都要记住一句话——"精益求精"（To make the best better）。每个人的成长条件不同，但只要能坚持精益求精，就能够弥补和别人的差距。

最后，来说说四健会是如何发展起来的。

四健会能在美国普及并产生巨大的影响，有两方面的支持至关重要。一个方面是美国总统名誉上的支持。自美国第 30 任总统卡尔文·柯立芝（Calvin Coolidge）之后，几乎每一位总统都在四健会担任过类似于名誉会长的职务，最新担任过这一职务的美国总统是比尔·克林顿（Bill Clinton）。美国总统通常很少担任名誉职务，但四健会名誉会长是一个例外。

另一方面的支持就更加实际了，来自美国的州立大学。美国绝大部分州立大学的建立都受益于 1862 年的《土地拨赠法案》（Morrill Land-Grant Colleges Acts）。该法案规定，联邦政府拨出乡村的一些土地建立州立大学，而州立大学有义务发展农业和农业机械相关学科。后来，农业在美国的重要性降低，这些州立大学就致力于发展工程专业。在四健会出现之后，美国政府要求州立大学对四健会在各地的俱乐部给予辅导，因为这些州立大学占了乡村的土地，就有义务帮助乡村发展。所以，今天很多州立大学都会通过义工和慈善的方式支持四健会的发展和运营。

*

四健会的成功经验给我们带来很多思考。对于小地方和大城市的教育差距，很多孩子和家长只重视弥补学业上的差距，但他们没有意识到，非学业的差距可能更致命，但却更好弥补。

四健会提出的培养目标，也就是"健全头脑、健全心胸、健全双手和健全身体"，我是非常赞赏的，也多次推荐给其他家长。头脑代表知识和智慧，心胸代表人对公平、正义和道德的认可，双手代表实践，身体则代表健康的体魄。如果我们把"头脑"和"双手"单独拎出来，就是麻省理工学院的校训"Mens et Manus"[1]（Mind and Hand，动脑也动手）。

四健会的经验不仅对中国小城市的青年有参考意义，也能让普通家庭、上不了重点中学的孩子了解该如何开展课外活动。小时候，我和一些中学同学都生活在乡村，无论是学校条件、教学水平还是周围的环境，别说跟北京比了，就连三线城市都

1　原文为拉丁语。

比不上。但是，我们的家长和老师还算有见识，让我们养成了良好的生活习惯，会为我们介绍各种人文知识，培养我们的合作态度和领导能力，还会让我们在工厂和农村参加各种劳动来培养我们吃苦耐劳的精神——当时我们每周要劳动一天。这让我们到北京后能很快融入新的环境，我们当中有 20% 的人考上了清华或者北大。只要教育和成长得法，我们能做到的事情，今天小地方的青年也能做到。

侧重：课程难度和广度
哪个更重要

和国内的朋友聊天时，我们有时会谈到中美学生学习和升学的难度，中国的家长普遍认为国内中学的课程更难，学生基础打得更扎实，考大学竞争也更激烈。的确，在很多人的印象中，美国高中的课程都非常简单，学生的升学压力比较小。其实，这是对美国教育的误解。或者说，这是把中国最好的高中和美国的普通高中进行了不当对比，把考入中国名校和考入美国三流的州立大学进行了不当对比。如果真的要对比，恐怕得将北京、上海的名牌高中和美国东西海岸的私立名校进行对比。这样你就会发现，中美两国的顶级中学只不过是在培养学生的侧重点上有所不同，以至于它们显现出来的长处有所不同。

美国高中课程内容

在进行对比之前，你可以先看一下我小女儿在高中 4 年，也就是在 9 年级到 12 年级所选的课程（见表 2-1 到表 2-4）。

表2-1 小女儿9年级课程

9年级课程	学分	上学期	下学期
高级程序设计	0.5	暑期班	
AP计算机科学（包括数据结构）	1.0	√	√
荣誉英语1：文学风格	1.0	√	√
荣誉西班牙语3	1.0	√	√
荣誉世界历史1	1.0	√	√
荣誉微积分先修课（解析几何）	1.0	√	√
荣誉物理学	1.0	√	√

表2-2 小女儿10年级课程

10年级课程	学分	上学期	下学期
AP微观经济学	0.5	√	
AP宏观经济学	0.5		√
荣誉英语2：英国文学	1.0	√	√
AP西班牙语：语言和文学	1.0	√	√
AP当代世界历史	1.0	√	√
AP微积分先修课BC	1.0	√	√
AP化学	1.0	√	√

表2-3 小女儿11年级课程

11年级课程	学分	上学期	下学期
荣誉计算机科学：系统结构	0.5	√	
荣誉英语3：美国文学	1.0	√	√
AP美国历史	1.0	√	√
荣誉多变量微积分	0.5	√	
荣誉微分方程	0.5		√
AP物理2	1.0	√	√
AP生物学	1.0	√	√

表2-4 小女儿12年级课程

12年级课程	学分	上学期	下学期
英语4：莎士比亚戏剧	0.5	√	
英语4：俄罗斯文学	0.5		√
AP心理学	1.0	√	√
AP统计学	1.0	√	√
荣誉线性代数	0.5		√
AP环境科学	1.0	√	√
荣誉纳米科学	1.0	√	
AP艺术史	1.0	√	√

以上只是学校开设的上百门课程中的一小部分，从中可以看出，美国优质高中提供的课程选项是非常多的，涵盖了自然

科学和人文学科的方方面面。比如，理科的课程有天文学、解剖学等，人文和社会学科的课程有政府学、国会介绍、演说和辩论、新闻学，甚至诸如"林肯和道格拉斯"这种极为小众而专业的历史课；艺术类的课程则有绘画、雕塑、瓷艺、舞台艺术、电影制作；等等。我小女儿选的那些 AP 课都是大学的先修课，也就是通常大一、大二的学生要学的基础课。事实上，进入大学后，她跳过了大约一学期基础课的学习。剩下的大部分荣誉课，也就是提高型课程，还属于高中的课程，但是会比一般的高中课程讲得深一些，对学生的要求也会更高一些。

实事求是地讲，如果让我高中 4 年学完这些课程，我会感到很辛苦，会比我在国内上高中时累得多。当然，有人可能会说，现在国内的高中生可比我当时用功多了。持有这种看法的人其实并没有把握学习的要点，学得好不好是要看成绩和掌握的知识，而不是比谁花的时间多。如果重新读高中，我在国内高中功课上花的时间肯定比在美国少。为了验证这一点，我做了两套近年的高考数理化试卷。事实证明，虽然我这么多年都没有再接触过高中的课程，但除了化学试卷中的个别细节，其他题目我基本会做，两套数学试卷应该都差不多是满分。这一方面说明过去反复训练的教育让我对课程内容记忆深刻，另一方面说明那些内容并不难。相反，我还看了现在大学的数学和物理题，数学题还好，物理题我已经有一半做不出来了。这说明大学的内容还是难很多。

你可能会想：让高中生学那么多大学的课程，他们学得下来吗？事实上，90%的学生肯定是学不下来的，美国大部分公立高中都不开设 AP 课程；但对前 5% 甚至前 2% 的学生来说，他们有能力学习大二之前的课程。我们不妨从美国顶级大学在录取学生时的要求入手，来看看美国优秀的高中生能学到什么水平。

先来看看这些课程是如何计算成绩的。美国高中的成绩是用 ABCD 来打分的，不过，这个成绩其实也是从百分制转过来的，通常转换的方式可以参考表 2-5：

表2-5　美国高中成绩转换规则

百分制	字母分数
97	A+
93~96.9	A
90~92.9	A-
87~89.9	B+
83~86.9	B
以下以此类推	

在美国申请大学，最重要的是 GPA（平均学分绩点）。在计算 GPA 时，A+=4.3，A=4.0，A-=3.7，B+=3.4，B=3.0，以此类推，逐渐减少。如果一个学生的 GPA 是 4.0，相当于他每门课的平均成绩是 A，换算回百分制，平均分就是 93~97 分。

当然，在美国申请大学时，学校不仅会看学生的 GPA，还会看他们学的课程的难度。比如，同样一门语文课，你选的是最低要求的语文课、荣誉课程，还是 AP 语文文学，成绩得 A 的难度显然完全不同——AP 课最难，荣誉课次之，一般的课最容易。为了方便比较，如果你选的是荣誉课或者 AP 课，在计算平均分时，会把你的成绩往上提 0.5 分，即 A+=4.8，A=4.5，A-=4.2，以此类推。需要强调的是，美国的 AP 课是有全国统考的，因此高中不太可能通过造假伪装学生的 AP 课成绩来提高他们的平均分。

从理论上讲，如果一个学生在高中学的所有课都是 AP 课或荣誉课，GPA 最高可以达到 4.8。但是没有人能拿到这个成绩，因为有的必修课没有对应的 AP 课或者荣誉课，比如美术课、舞台表演课、讲演课、新闻学等。所以，通常学生 GPA 能达到的顶点就是 4.6。而要做到这一点，就得保证几乎所有课程都要选荣誉课或者 AP 课，并且大部分课程的成绩都是 A+，不能出现 A-。这个水平的学生，通常是各个名牌高中最好的学生。我小女儿当然达不到这个水平，她大约 25% 的课程成绩是 A+，65% 是 A，10% 是 A-，最后 GPA 比 4.5 略高。如果换算回百分制，她的平均分大约在 95 分。不过，她还真有不少同学 GPA 达到了 4.6。不要小看这一点差别，对应到中国的高考成绩，这可能要差出五六分，在一个省或者直辖市的排名则会差出几百名。

在美国，GPA 要达到什么水平才能上一所好大学呢？美国最好的私立大学 60%~80% 的招生名额都给了特殊族裔、第一代大学生（父母以上都没有读过大学的人）、体育生，以及超级校友（捐了很多钱的校友）的孩子。这些人的 GPA 不会太高，没有参考价值。剩下为数不多的名额才是所有学生要公平竞争的。如果想上美国排名前 10 的私立大学，GPA 至少要在 4.4 以上，此外还要参加过一大堆的课外活动。如果想上美国排名前列的公立大学，比如加州大学伯克利分校和洛杉矶分校、密西根大学，也要有非常高的 GPA，因为它们基本就是按照 GPA 来录取学生的。根据我周围人的经验，如果一个亚裔学生的加权 GPA 到不了 4.3，进这些大学的可能性就微乎其微了。

美国有多少学生能做到这一点呢？美国每年申请大学的人有 350 万左右，包括少量的国际生。美国最好的 30 所大学每年招生总数大约是 10 万人。刨除一半靠各种照顾进去的学生，靠学习成绩进去的也就五六万人。也就是说，大约有 2% 的学生能学足够多的 AP 课并且取得足够好的成绩。这个人数，和中国每年进入 C9[1] 大学的人数差不多。

看到这里，你可能会问：剩下 98% 的学生要怎么办？剩下的学生中，大约 20% 的人也会同样选课，只是他们选的课内容简单一些，对学生的要求低一些。美国有一半左右的高中都能为学生提供近百门可选择的课程，这些课程未必很难，但覆盖面很广。这样做有两个明显的好处，一是可以提升学生知识的广度，二是让学生可以在自己感兴趣的学科内多选课，在自己怎么也学不好的学科上达到基本要求就行。比如，一个学生对艺术感兴趣，他只要在数学、科学和人文社科的课程方面达到基本要求，然后选一大堆艺术课就好了。这样，他至少不至于因为学不好数学而厌学。再剩下来的学生，有些就不申请大学了。而申请大学没有被录取的，会被社区学院，相当于中国的大专包圆。

当然，你可能还有一个疑问：如果一个学生家里条件不好，不能到好学区的高中上学，只能上普通高中怎么办？没关系，

1　指九校联盟，这是中国第一个顶尖大学间的联盟，其成员包括北京大学、清华大学、哈尔滨工业大学、复旦大学、上海交通大学、南京大学、浙江大学、中国科技大学和西安交通大学。

他可以到附近的大学或者社区学院选修大学的课程，成绩也会被列入成绩单。如果这个学生足够聪明，他还可以在网上学习大学的课程，然后直接去参加相应 AP 课的考试。为了给那些高中不努力，后来发奋读书的学生第二次机会，各州立大学每年还会从社区学院中招收少量的转学学生。

中美高中教育的差异

讲完了美国高中的情况，再看一下中国的高中。相比于美国的高中，中国高中的课程数量和教学内容显然要少得多。不过，同样的课程，比如中国的解析几何相当于美国的微积分先修课，在中国考 90 分确实要比在美国考 90 分难很多。这主要有两个原因：一是中国高中就这么几门课，要让学生的成绩分出高低，就只好出几道难题，让一部分学生做不出来。二是中国高中生的成绩是由一次或者两次考试决定的，考砸了没有补救的机会，而这会导致很多人考试压力大，平时有 90 分水平的人可能只能考 85 分。因此，中国的高中生要想确保能考 90 分，平时就要按照考 94 分、95 分的目标准备。而在美国，高中生每学期的成绩是由多次考试、小测验、平时作业以及实验课平均分综合决定的。只要之前的所有分数都拿到了，即使期末考试没考好，最后也能得 A。这样，大家在考试前的心理压力会小一些，发挥得也会好一些。

在中国，一个学生要想在年级里成绩名列前茅，就需要会做每一门课的难题。而在美国，一个学生要想 GPA 足够高，就要选更多高难度的课程，比如 AP 课。这显然是两种不同的做法。但是由于 AP 课程都需要先学完先修课（也就是前置课程），比如要学微积分就先要学完解析几何，因此在高中大量学 AP 课的人，就必须在初中学完普通高中的主要课程。无论选用哪一种筛选人的做法，学生的负担其实都不轻。不过相比之下，我觉得美国的做法更合理。因为在这种人才选拔体制下，从个人角度讲，那些学霸是在学习新知识，而不是在反复炒冷饭。从社会层面讲，这种体制能及早地训练和选拔出最优秀的前 2% 的学生，让他们在大学时可以把更多的时间用于科研，最终成为科研的中坚力量。而在中国现有的体制下，最优秀的学生都把时间用在通过刷题再提高一两分成绩上了，实在可惜。大家可能也注意到了，中国的大学招生方法也在改革，各大学在自主招生时更注意发现学生的特长，而不是考试分数。

几年前，国内有关部门找我咨询如何让中国今后能有越来越多人获得诺贝尔奖，我就提出要在有条件的高中开设 AP 课，对同一门课程按照难度分级，同时让一些大学释放更多自主招生的名额，根据学生平时在学校的表现选拔各个专业最优秀的苗子。这样做有三个好处：

第一，让一些有更多精力学习，也更愿意学习的学生能在高中学到更多东西。今天，中国几乎所有的中学生，无论学习意愿如何，智力水平如何，勤奋程度如何，都在使用同一个大纲，这就埋没了那些天才。

第二，通过降低课程难度，让学文的人能学到基本的数理化知识，学理工农医的人能培养起基本的人文素养，这就提升了各专业人才知识的全面性。曾经有一些学文科的朋友跟我讲，他们当初完全搞不懂高中数学，从此对数理化失去了信心，但后来发现，因为缺乏理工科思维，他们分析事物的能力就有所欠缺。这些人在自己的专业领域都是很成功的，绝不是智力有问题，也不是不努力，只是他们的特长不在数理化上而已。我常常对他们说，搞不懂数学不是他们的问题，而是课程设计不合理。事实上，对学校来讲，与其教这些学生他们不容易理解的内容，出份考题把他们难倒，不如让他们学一些内容相对简单的数理化课程，掌握最基本的数理化知识。类似地，很多学理工科的人极度欠缺人文知识，除了因为高考不考，还有一个原因是他们确实写不好文章，阅读经典时抓不住重点，不善于学习语言，久而久之就失去了兴趣。如果学校能降低文科课程的难度，让他们坚持学下去，他们也将受益终生。

第三，在国家层面，一个国家要想出一个诺贝尔奖获得者，需要有至少 10 个诺贝尔奖获得者级别的专家，上百个该领域世界一流的专家，上千个该领域的学者。中国每年招收和毕业的大学生看似比美国多很多，但真正有兴趣并且长期在专业领域发展的人其实很少。大部分英才毕业后都去挣钱、进体制内，或者抱着一份安稳的工作一毕业就养老了。即使在大公司和研究所内部的专业人士，很多人工作几年就想着转领导岗位了，从事具体研究工作的总是经验不多的年轻人。

当然，你可能会担心一件事：年轻时要学那么多不同的知识，这会不会增加学生的负担呢？其实只要有高考这个筛选机制在，升学的压力就一直会存在，只不过是把大家刷题的时间用来学习新东西了。毕竟，掌握更多知识比更会考试重要，这样对国家和个人都有利。

*

对于不打算在美国读书的人来说，了解中美高中教育内容的差异有什么用呢？中国有句古话，叫作"他山之石，可以攻玉"。了解了外面的世界，有助于我们解决自身的困惑。同样，了解中美教育内容的差异，有助于我们解决自身在教育上的困惑。

对于那些总是能考高分的学霸来讲，你至少应该对自己有一个清醒的定位，你应该清楚，就算自己成绩不错，放眼全世界，你的知识广度和深度也是很有限的，只是会做的难题多一点而已，要想将来成为世界顶级人才，你还要到大学恶补各种知识。

对于那些应付中学课程还有余力的同学来讲，你应该懂得拓宽自己知识的广度，不仅是拓宽知识面，了解一些常识性问题，更要系统地学习学校课程之外的知识。可以想象一下，一个人在中学就学了两门经济学课程，还经常了解商业知识，另一个人对经济和商业毫无了解，两人在大学创业时的成功率会相差多大？

对于那些永远学不好某一两门课的人来讲，也不要轻易放弃，不妨先达到最基本的要求，然后把精力放在发展自己的专长上。

另外，很多家长在给孩子选择兴趣班时，完全是拍脑袋做决定。如果你也是这样的，不如系统了解一下美国那些顶级高中开设的选修课再决定。

结语

　　教育的内容远比学校里开的几门课要广得多，也深得多。从阶段上来说，可以大致分为初等教育和高等教育两个阶段。年轻人要在不同阶段学习不同的内容。在初等教育阶段，学生应该尽可能广泛地接受各种知识；在高等教育阶段的早期，从广度慢慢向深度过渡。如果一开始就把自己局限在几个很窄的领域，将来是走不远的。

3

教育的方式

教育的内容不同，采用的教育方式必然不同；教育的目的不同，采用的教育方式也会不同。有些知识只能强制记忆，比如，学医的朋友应该都死记硬背过那些又长又拗口的拉丁文名词。有些知识需要靠理解和逻辑来掌握，即便是在一些人文社科领域，教育的方法也不是灌输，而是引导。还有些知识需要不断与人讨论和使用才能掌握。对于这些知识的教育，则常常需要在工作和合作过程中实现。

教育的方式常常也与国家和个人的需求有关。当一个落后的国家想要在短期内追上先进的国家，它的教育方式通常是急功近利的。当一个人只想赶快学点东西好能工作挣钱，教育的方式则通常是让他尽快掌握一些谋生技能；如果不能理解其中的道理，就在工作中边用边体会。但无论是在国家层面还是个人层面，如果对自己有更高的要求，那你不仅需要会使用知识，还需要能创造知识，灌输式的急功近利的教育方法就行不通了。

这一章，我们就来看看世界各国的教育特点，看看不同国家在不同发展时期、面对不同需求的人所采用的教育方法，以及不同教育方法和所得到的教育结果之间有什么关系。

规范：文理工分校的德国式
教育有何特点

多年前，我在《大学之路》中介绍了欧洲近代两种流行的高等教育思想，一种是以英国教育家约翰·亨利·纽曼（Jone Henty Newman）为代表的强调素质教育的英美式教育方式，另一种是以德国外交家和教育家洪堡（Wilhelm von Humboldt）为代表的强调技能和实用性的洪堡式教育思想。后来，苏联采纳了德国这种教育理念，继承和发展了德国高等教育的基本做法，实行文理工分校。也就是说，文理科等基础学科的专业和工程、医学或者其他应用性技术专业被分到不同的学校。

在中国，1949 年之前的高等教育非常薄弱，没有占主导的高等教育思想，基本是各个大学的校长有什么教育理念，学校就有什么样的做法。1949 年之后，中国建立起了全国性的高等教育体系，规模发展为世界第一。在这个过程中，中国的高等教育体系受苏联教育理念的影响非常大。特别是在 1952 年，中国按照苏联文理工分校的原则进行了院系调整，间接继承了德国的洪堡式教育体系。甚至有一段时间，中国各重点院校的体制和今天德国高等教育的体制非常相似，把相当多研究生教育的内容放到了本科教育中。比如，当时清华大学、上海交通大学等工科大学的学制通常要比文理科大学长 1 年，清华当时的本科学制甚至长达 6 年。今天，德国一些工业大学的学制依然是 5 年，而不是全球通行的 4 年。

当然，除了强调技能和实用性，德国式教育还有很多其他特点。了解这些特点不仅能帮我们了解中国高等教育的历史沿革，还能让我们可以根据自己的需求来调整教育方式。

德国式高等教育理念的特点

想了解德国式的高等教育，要从两个人入手。其中一个是洪堡，另一个是与洪堡同时代的德国教育学大师第斯多惠。

关于洪堡，我在《大学之路》中做过详细的介绍，所以这里只简单介绍一下洪堡的教育思想。洪堡让大学兼顾培养人才和进行学术研究这两个功能，开创了研究型大学的先河。不过，虽然洪堡本人强调学术自由以及人文学科的重要性，但后来普鲁士和德国在实施洪堡教育体制时，却把高等教育办得越来越侧重于专业化和技术教育了。

　　和洪堡一样，第斯多惠也是德意志（当时还没有统一的德国）教育体系的奠基者之一。他比洪堡小 23 岁，和洪堡一起推动了 19 世纪德意志教育的改革。在德国，第斯多惠被誉为"老师的老师"，因为他长期担任师范大学的校长，培育出了大批教师。在教育理念方面，第斯多惠和洪堡有很多一致之处。他最主要的教育观点集中在《德国教师培养指南》一书中。我接下来要介绍的内容大部分来自这本书。

　　第斯多惠首先指出，好教育的先决条件是好老师。因此，他关于教育的理论有很大一部分是讲如何培养好老师的。第斯多惠的看法很有见地，至今依然有很高的参考价值。如果你想为孩子找一位好老师，或者你自己想成为一位好老师，不妨参考一下第斯多惠的观点。在他的诸多观点中，我认为最有价值的是以下三条。

　　第一条，一定要选那些真正热爱真理的人当老师。

　　第斯多惠有句名言，**"真理只能出现在追求真理的人群中"**。不过，他提出这一点是有时代背景的。在第斯多惠所处的时代，在德国当一名老师能得到很好的待遇，特别是会得到很好的住房待遇，因此很多人都想挤进教师的队伍——第斯多惠则认为这样的人应该被清除出去。我想，大部分人都会同意这条遴选教师最基本的准则是不分时代的。

在热爱真理的基础上，老师需要培养自己探索真理和检验真理的能力。

在这里，第斯多惠特别提出教师要能够证伪"假真理"。我在第 1 章讲述柏拉图关于教育的理念时指出，受教育的目的是要掌握辨别真伪的能力。对大部分学生来讲，这种能力来自老师。如果老师不能把这种能力传授给学生，那么学生学到的顶多就是些具体的知识点。而老师一旦出错，就会造成比较大的危害。

老师想做到善于探索真理和检验真理，要从两个方面努力。首先是态度上的，老师要保持开放的心态，不断接收新的知识。第斯多惠发现，老师普遍存在的问题是，因为身为人师，懂得比学生多，便容易固步自封。在今天，这一点更为重要，因为如今知识更新得太快了。其次是方法上的，老师要在工作中不断反思，养成不断验证自己观点的习惯，并培养相应的能力。

在具体做法上，第斯多惠给出了三个原则，或者说三个进阶步骤：

直观性原则，教学必须从实际出发，不能是空洞的。

循序渐进原则。

坚实性原则，宁可教得少一些，也要教得扎实，不要灌输

太多内容。

在这三个原则的基础上，老师必须做科研，因为只有这样才能掌握检验真理的方法，也才有可能发现新的真理。

如果了解一点全世界大学的历史，你可能会知道，研究型大学起源于德国。直到 19 世纪，英国和美国的大学依然以进行基础教育为主。虽然当时英美的大学里也会进行科研，但这是次要的。在洪堡和第斯多惠之后，德国诞生了很多研究型大学。随后，法国、瑞士等欧洲大陆的国家也开始学习德国的经验，这对当时的工业化进程起到了推进作用。

19 世纪中期，美国著名的高等教育家丹尼尔·吉尔曼和安德鲁·怀特[1]到欧洲取经，他们非常认可第斯多惠所提倡的大学教授要做科研的思想，也了解了德国研究型大学的做法。回到美国后，吉尔曼担任了新成立的约翰·霍普金斯大学的建校校长，并且把该校办成了美国第一所研究型大学。与此同时，作为康奈尔大学校长的怀特，将该校从原先以农业技术为主的大学变成了以工科见长的研究型大学。随后，怀特的学生大卫·斯塔尔·乔丹到加州担任了新成立的斯坦福大学的创校校长，确立了该校学术研究的传统。而吉尔曼在约翰·霍普金斯大学

1　丹尼尔·吉尔曼（Daniel Gilman）和安鲁·怀特（Andrew White）是同学，也是终生的朋友。

当了 20 多年校长之后，又担任了新成立的卡内基科学基金会（CIS）的主席，致力于资助美国大学的科学研究。后来，该基金会之后的主席范内瓦·布什（Vannevar Bush）倡导成立了一系列政府资助的科学计划（包括曼哈顿计划）和基金组织。可以说，美国大学从事科学研究的传统来自德国。直到今天，德国的大学也绝大多数都是研究型大学，很少有英美那样单纯以教书育人为主业的文理学院。

除了提出如何培养好的老师，第斯多惠还对老师的教学提出了一些规范，比如：

· 讲课要有吸引力；

· 讲课时要精力充沛；

· 教材和讲义要符合学生的口味；

· 在课堂上，老师要发音清晰、嗓音洪亮，讲解符合逻辑；

· 在教学中，老师要不断学习；

· 老师要坚持锻炼身体，保证有充沛的体力；

……

不知道你看到以上内容会不会觉得很"德国"，第斯多惠仿佛是在以写产品质检手册的方式写教学规范，让人很容易联想到通常印象中那种高度标准化的德国产品和德国产业工人。其实，以上几条内容在《德国教师培养指南》中已经算是比较概括、粗线条的了。在书中，第斯多惠还花了很多篇幅详细介绍了老师之间应该如何交流、如何相处，老师和校长的关系应该是什么样的，等等，确实很像一本说明书。如果想亲自阅读一下，我估计你很难读下去，因为它有点枯燥。但如果你是一名老师，能读通这本书，并且能够严格按照书中的指示去做，那你会成为一名不错的老师。因为它极具操作性，每一个细节都规定得很到位。当然，这只能让你达到 80 分的水平，再想往上提高就要靠自己不断练习，掌握相应的艺术了。

德国式高等教育理念存在的问题

讲完了第斯多惠教育方法中最有价值的部分，我们再来看看他的教育思想，包括洪堡教育理念，从今天来看存在哪些问题。

首先，我们必须了解，洪堡和第斯多惠教育思想的提出是有时代背景的。

当时，德意志地区刚刚摆脱拿破仑的军事威胁，那里存在着上百个说德语的大大小小的公国和侯国，还没有形成统一的国家。人们意识到，一盘散沙的德意志在欧洲舞台上发挥不了多大的作用。于是，全社会从上到下都憋着一股劲要谋求统一，要奋力追赶，要从一个落后的农业地区转变为工业化地区。当时的德意志人都被一种共同的热情所驱使着，那就是要让德意志成为一个伟大的国家。在这种氛围下，政府希望迅速培养出大量能够马上在工业化进程中发挥作用的高等教育毕业生。因此，规范化、职业化的教育最为重要。

为了讲求效率，追赶英国，德国在初等教育阶段就按社会需求对学生进行了分流，很多学生直接去接受专业技术教育，不用上大学；在大学阶段，学校则按照人文、历史、数学、物理、化学、医学、建筑和工程等专业对学生进行细分，希望快速培养出专业对口的人才。这种教育体制的好处立竿见影，在短时间内，德国就培养出了大量专业人才，德国也得以在欧洲迅速崛起。

与此同时，鼓励发展教育的德国给予了教师极高的社会地位。根据利益和义务对等的原则，第斯多惠对老师提出了很严格的要求。除了前文提到的那些，第斯多惠还提出了很多具体的要求。比如，他认为，好的老师必须把教育当作一份无比崇高的事业，不断提高自己的专业水平，同时还要恪尽职守、勤勤恳恳、孜孜不倦地工作，为教育事业不断奉献。看到第斯多惠的描述，你会觉得只有雷锋那样的道德模范才能成为他所描述的好老师。实际上，第斯多惠还真就是这样想的。

但是，随着历史不断推进，第二次世界大战之后，整个西方社会都变得越来越商业化。尤其是欧洲，政府的影响力越来越小，教育行业也越来越多地受到市场影响，第斯多惠那时的社会氛围已经不复存在了。

中国社会也经历了类似的转变。在新中国成立之初，国家百废待兴，要实现工业化，就需要大量专业技术人才。而培养人才最有效的办法，就是按工业化所需要的专业，流水线式地培养"规范"的大学毕业生。当时，大学老师端着"铁饭碗"，拿着还算不错的收入，因此国家也强调教师是一个需要无私奉献的高尚的职业。

但是，与三四十年前相比，如今中国社会上出现了一种观念的转变。一方面，整齐划一地批量培养专业人才并不符合今天中国经济多元化的需求。另一方面，教师这种职业不再被神圣化。对很多老师来说，这是一种"松绑"。毕竟，他们也有自己的生活需要享受，也有自己的利益需要照顾。此外，他们还可以在市场经济中重新给自己定位。在这种背景下，第斯多惠对老师的那种要求，很多人可能会觉得难以接受也难以遵守。

事实上，那些要求也并不符合当下的实际情况。不过，了解德国教育思想的来龙去脉和精髓，有助于我们理解中国的教育体制和特点为什么是今天这样的，而不是英美那样的。

其次，我们要用变化的眼光看待对老师和大学生提出的要求，看到第斯多惠的教育思想在培养有个性、有创造力的人才方面的不足之处。

虽然第斯多惠和洪堡都支持学术自由，不否认人的个性，但他们在具体做法上都强调专业化，不重视通才教育；强调规范性，不鼓励打破常规。在第二次世界大战之前，这种做法没有暴露出什么问题，但随着时间的流逝，其弊端就逐渐显现了。简单来讲，在进行开创性研究和提出新思想方面，德国的高等教育方式表现出了劣势。今天，德国虽然是世界上经济最发达的国家之一，但在科学理论研究方面却跟英美一直有差距。

苏联和中国也走过类似的弯路。早期，苏联确实受益于洪堡教育体制，但到 20 世纪 60 年代之后，无论理论研究还是应用研究，苏联都大幅落后于西方国家。中国的经历也是类似的。新中国成立后，中国只用十几年的时间就缩小了和工业化国家在高等教育上的差距。但到 20 世纪 90 年代融入全球化之后，旧的高等教育体制就无法再满足中国对科技创新的需求了。虽然我国进行了高等教育改革，比如学习美英的教育体制，采取学分制、主辅修制、导师制等，并将清华、上海交大等工科大学改成综合性大学，但洪堡体制的影响其实直到今天仍然存在。比如，北大的工科较弱，清华的文科较弱，这就与之前的体制有关。再比如，大学生至今仍无法自由选择和改换专业，这也与之前的体制有关。而且，这种比较严格的专业限制显然无法适应社会发展对新兴热门专业毕业生的需求，也妨碍了培养文理兼修的通才，特别是有创造力的全才。

当然，把中国在高等教育上的问题完全归结到德国人身上肯定是不合适的，但我们需要明白今天很多问题的症结在哪里。了解了这些，我们才知道该往哪个方向改进。

对个人来讲，我们必须知道，随着社会需求不断变化，未来的中国社会需要更灵活、更强调因材施教、更重视培养创新能力的教育方式，这也是社会发展的自然结果。

今天中国社会已经度过了工业化的初期阶段，社会的文明程度越来越高，人们的心态也越来越开放，对于各种职业的看法也会发生改变。因此，有人会觉得第斯多惠的教育思想或许有点过时。但是，第斯多惠对于教育的理解，以及他对于教学的一些基本建议，比如他所不断强调的教育的价值——"首先是教育人，然后才是关心职业训练"，以及他的教育方法——"通过做学会做"，至今还有参考价值。

伸延阅读

〔德〕第斯多惠:《德国老师培育指南》

吴军:《大学之路》

个性：“另类学校”
给我们什么启示

接下来，我们再来讨论一下个性化教育和社会化教育。

如果在网上搜索"AltSchool"（另类学校）这个关键词，你会看到 2015 年关于这所学校的很多报道，包括来自中国的报道。这些报道基本是在追捧、赞美这所学校，有的可能还带有一些"羡慕嫉妒恨"的情绪。那么，这究竟是一所什么样的学校？

AltSchool 是一所个性化小学，由谷歌前员工范提拉（Max Ventilla）创办，得到了来自扎克伯格 [1] 等人的投资。当时有些媒体报道说，这可能是世界上最前沿、最精英化的学校。但到 2020 年，已经基本看不到有关这所学校的新闻了，它已经关闭了所有校区，转型成了一家做教学软件的公司。这一切是怎么

---

1 马克·扎克伯格（Mark Zuckerbery），社交网站脸书的创始人，目前该网站已改名为 Meta.

发生的呢？接下来，我们就来看看这所学校的故事和它带给大家的启示。

*

我们先来看看另类学校是什么样的。

AltSchool 是 alternative（替代）和 school（学校）两个词的缩写，意思就是它要替代传统的中小学校。中文把它翻译成"另类学校"也是有道理的，因为和普通的学校相比，它确实很另类。下面不妨来看一下这所学校究竟有多么另类：

1. 教学完全以学生为中心，学生可以决定自己学什么。当然，老师会教完教学大纲的内容，但未必会按教学大纲的次序来，学生怎么学习方便，老师就怎么教。

2. 为了做到上面这一点，每个学生都会有一个学习计划。也就是说，每个学生自己就是一个班，每个学生的课表、作业都不一样。当然，在这样的制度下，学校不可能招很多学生，在学生人数最多时也只有300多人。

3. 采用高科技手段实施教学并收集反馈。在这所学校，每天早上孩子们从进入学校，到接受教学、完成作业和考试，全部要用 iPad 以及可穿戴设备辅助完成。同时，学校有很多监控设备，关注学生们的反馈和表现。老师甚至要在课后回放自己的教学录像来观察教室里的反应，以便改进教学。

4. 为了保证高科技的应用效果，这所学校的工程师团队和教师团队人数相等。学校里有 45 位曾供职于谷歌、脸书、优步等公司的工程师，除了要开发支持教学的软件外，还要对 45 位老师进行一对一的技术支持。

5. 教育理念很先进，至少看上去如此。这所学校的口号是"另类学校＝教育＋设计＋工程＋创业"。在很多普通学校还在讨论教育改革的方向时，这所学校已经开始实施先进的教育理念了。

6. 这所学校得到了硅谷 IT（互联网技术）精英和投资人的鼎力支持。给它投资的不仅有扎克伯格，还有乔布斯的遗孀劳伦娜·乔布斯、风投公司凯鹏华盈、著名投资公司安德里森·霍罗威茨和投资人彼得·蒂尔，等等。几轮下来，这所学校共融资了 1.76 亿美元。

7. 这所学校的办学理念让它看起来非常"高大上"，自然有很多家长想把孩子送去读书，于是它就特别难进。2015 年，3500 多个孩子申请该校，它只录取了 200 人，录取率不到 6%，正好与哈佛的录取率相当。

不过，仅仅在两年之后的 2017 年，再看新闻，情况就很不一样了。首先，AltSchool 关闭了在硅谷和纽约的两个校区，原来打算在芝加哥开新校区的计划也从网站上移除了。其次，它原本说要把经验推广到其他中小学，这件事情也不再提了。又过了两年，到 2019 年，AltSchool 剩下的四个校区也关闭了，转型成了一家做教学软件的公司。这所试图改变当下教育理念和教学方法的学校一度发展得风生水起，最后却以一地鸡毛结束。而对这所学校创办人办学理想和实践的观察，让我对教育有了更深刻的理解。

AltSchool存在的问题

需要指出的是，AltSchool 的创办人范提拉并不是欺世盗名之辈。范提拉在谷歌工作时有着良好的工作记录，也是一位关心自己孩子教育的父亲。他的办学理念得到了很多成功企业家的肯定，也得到了很多教育家和有经验的老师的支持。

范提拉的想法是重新定义美国的教育方式，推行以学生为中心的教育模式，同时将创新观念从小就植入学生的大脑，而不是让他们到了大学才有机会锻炼自己的创造力。为了确保学生的时间不会被浪费，他非常强调因材施教，这也符合知名教育家们对教育的理解。

此外，AltSchool 还为学生提供了大量科技、人文、动手和编程方面的选修课，采用 IT 技术管理教学，这些做法都非常先进。至于钱，这所学校从来都不缺，这就避免它落入很多学校的窘境——想提高教学质量，却在财政上捉襟见肘。

那么，这所学校最后为什么关门了呢？这主要是因为，虽然它发现的美国教育的问题是确实存在的，却找错了解决的方向。

一个人只要在谷歌这样的企业工作一段时间，就会发现美国基础教育存在一个问题——一个 3 亿多人口的国家，居然培养不出足够多的工程师，更别提有创造力的工程师了，因此不得不到世界各地大量挖掘人才。2004 年谷歌上市之前，它的美籍员工占员工总人数的 90%，而到今天，这个比例可能只有一半。原因很简单，当公司只有千把人时，从美国这么大一个池子里挑出几百人是非常容易的。但当公司规模到了 10 万人，美国的人才显然就不够用了。

美国每年有大约 200 万本科生毕业，其中只有 10 万人拥有工程学位，这里面已经包括了获得理科学位的计算机专业毕业生[1]。这样的比例显然大有问题。再往上，每年工科毕业的硕士生已经不足 6 万人了，其中还有超过一半的是国外的留学生；工程专业的博士毕业生则只有 1 万多人，其中有 60% 多来自国外。与此同时，美国很多行业，特别是和计算机相关的行业都招不到合格的工程师。美国每年都要通过签发 H-1B 签证[2]给予 6.5 万名外国科技人才工作机会，但美国公司技术人员的缺口仍然在 25 万人左右。

为什么就业情况这么好，美国学生却不愿意读工程学呢？答案是，他们不是不愿意读，而是读不下来。前面讲过，美国很多高中毕业生不会解最简单的一元二次方程，斯坦福大学也有相当比例的学生不知道 90 度角的正弦函数是多少。我还发现，美国有一半从文科专业毕业的人，居然连一元一次方程也不会解。这种基础教育水平显然无法支撑他们完成工科学位的学习。为了进一步证实，我对美国六七所顶级大学（包括斯坦福、伯克利、耶鲁、约翰霍普金斯和卡内基梅隆等）进行了调

1　在美国的大学里，工程学位通常是指工学院各专业授予的学位；数理化生等理科专业在文理学院中，不属于工程专业；计算机科学在有些大学里算是理科，有些算是工科。因此，单纯统计工程学位时，不包括理科。但是雇主们在招聘时，常常把工科和应用科学的毕业生一起招聘，一起统计。

2　H-1B 签证是美国最主要的工作签证类别，属于非移民签证，主要签发给在美国从事专业技术类工作的人士。

查，发现新生入学时选计算机科学专业的人很多，但是几门基础课学下来，就刷掉了一半的人。这还是美国最好大学的情况，差一点的大学学生的数学和工程基础就更差了。

美国有没有好的工科人才？当然有。根据我的体会，像谷歌这样的公司里，最好的工程师依然是土生土长的美国人。但是，这部分人实属凤毛麟角。如果一个人从美国公立中小学毕业，之后在大学读理工科专业，他会觉得非常吃力。

美国有不少非常好的私立中小学，即便在世界上也属于出类拔萃的。但是，这种学校规模都非常小。比如，美国东部最著名的私立高中菲利普斯埃克塞特学院（Phillips Exeter Academy）和安多福菲利普斯学院（Phillips Academy Andover），每年毕业生都只有200多人，其中还包括外国政要和名流的孩子。美国西海岸著名的湖滨学校（Lakeside School），也就是比尔·盖茨上的高中，每年毕业生刚刚200人。而硅谷地区最著名的两所私立高中——哈克学校（The Harker School）和门罗学校（Menlo School），每年的毕业生甚至都不到200人。当然，美国也有一些好的公立中小学，但并不多，大约占中小学总量的5%。

范提拉看到了美国公立中小学存在的教育问题，决定办一所高质量的连锁私立小学，为美国教育树立样板，然后将经验推广到公立学校。这种想法非常好，这也是硅谷地区有那么多投资人支持他的原因。

白纸上好画画，在办学时，范提拉干脆把美国那些著名私立学校的理念推向了极致。比如，私立学校普遍采用小班上课的方式，每个学生都有自己专属的高中 4 年的选课计划，AltSchool 就干脆把班级规模降到一个人一个班。比如，私立学校普遍允许学生自由跳级，AltSchool 就更进一步，它取消了年级的概念，只要学生跟得上，老师会直接讲高年级的内容。再比如，其他私立学校通常会把一些创新教育作为课外活动选项，AltSchool 则干脆把它们作为选修课，直接搬到课堂上。

这种做法对不对呢？不能算错，但不能解决美国基础教育的问题。要知道，美国已经有了一批世界顶级的中小学，想要做到比它们更好，一是没有必要，二是成本太高。AltSchool 花在每个学生身上的钱远超过上述任何一所私立名校。这所学校是在 2013 年创办的，真正达到一定的规模（但也就是 300 多人）是在 2015 年到 2017 年间，而就在这短短的几年间，它已经花了近 2 亿美元。如果真要按这种方式培养一个小学生，可能平均每个人要花费 100 万美元。

美国基础教育的问题不是不懂该怎么培养有创造力的年轻人，毕竟很多私立学校都办得非常好。它的问题是无法用有限的资源，让公立学校达到私立学校的水平。甚至因为政治正确等因素的影响，很多公立学校明明知道应该优化对资源的使用，应该对学生进行区别培养，却还是不得不简单地一刀切。因此可以说，范提拉努力的方向完全错了，即便他把学校办成了，其经验也难以推广到公立学校。

今天，中国很多家长其实希望学校能像 AltSchool 一样培养、关照自己的孩子，给予孩子各种机会，这恐怕也是当初国内很多媒体吹捧 AltSchool 的原因之一。然而，这其实是做不到的。即便一些有钱的家长把孩子送进了顶尖的私立学校，他们也会发现学校里的资源是有限的。当然，还有些家长想尽办法让孩子进入传统的名牌学校，但情况也一样，机会不是每个人都有的。事实上，对普通家庭来讲，更有效的做法是明确一个目标，让孩子围绕目标尽可能地发展，利用有限的资源，让孩子得到最适合自己的教育。

如何提升基础教育质量

其实，对于如何在资源有限的情况下提高基础教育质量，美国教育界倡导改革的人还是有一些切实可行的做法的。他们在一定范围内进行了有效的尝试，取得了良好的结果。如果将他们的做法推广开来，美国的基础教育就能得到明显的进步。这些做法主要就是两条，对中国大部分家庭的孩子也比较有参考意义。

第一，对于最底层的人，首先要确保孩子不逃学，不到街上鬼混。解决这个问题最有效的方法就是我在得到 App 专栏"硅谷来信"第一季和第二季中多次讲到的 KIPP（Knowledge is Power Program）计划。该计划以培根的名言"知识就是力量"为名，旨在帮助穷苦家庭的孩子实现上大学的梦想。这个计划有 4 个特点：

1. 在低收入、差学区的学校全面开展，对学生全部免费，还提供餐饮。

2. 学生必须很早到校，很晚离开，以便让他们和自己贫困、混乱且不安全的社区分开。

3. 以帮助学生进入大学为目的，教授他们最基本的数学、语文、科学和人文课程，要求他们必须在基本技能方面达到较高水平，不强调所谓的素质教育。

4. 在教学过程中，通过正向反馈鼓励学业进步的学生，强化他们取得更好成绩的欲望。

顺便补充一句，KIPP 的学校强调的是教授基础知识，它并不给学生刷题，这和国内一些高考补习班不同。

进入 KIPP 计划的学生通常最初的成绩并不好，但经过努力，大部分人都能成功进入大学。然后，仅仅通过一代人的努力就能实现阶层跃迁。相比之下，在整个美国，仅靠一代人就实现阶层跃迁[1]的比例通常不到 10%。

第二，对于基础尚可，但长期以来水平都没有提高的学校，采用半公立半私立的方式进行改造，将其改为特许学校（Charter School）。也就是说，州政府给公立学校的拨款不变，同时学生要交一部分学费，大约是私立学校学费的 20%~30%。由于学生交了学费，学校要让家长在管理上有发言权。而一旦有了发言权，家长们就会热心地参与到学校的事务中来。这一类学校针对的是中上阶层的孩子。

对中国的家长来说，这两种做法都有一定的参考价值。从第一种做法来看，孩子学习和成长的环境甚至比学校教什么更重要。另外，对于要实现阶层跃迁的学生，在基础教育阶段，知识教育比素质教育更重要。事实上，对底层家庭的孩子来讲，

1　按照收入将人群划分为前 1/4、中上 1/4、中下 1/4 和底层 1/4 共 4 个阶层，跃升 1 个基层就算实现了阶层跃迁。

KIPP 这种教育模式可能比个性化教育更有效。因为，它教授的是所有年轻人都应该掌握的最基础的知识，是雪中送炭。从第二条做法来看，如果家长想在现有条件下给孩子更好的教育，与其逼孩子上各种补习班，不如自己先到学校做义工，把学校办得更好。换句话说，与其指望学校做到锦上添花，不如自己帮助种花。

遗憾的是，无论是这两种做法中的哪一种，在美国都很难推广开。这不是教育本身的问题，而是政治的问题，在此就不展开讲了。总之，由于美国过分强调政治正确，让教育和考试失去了对人才筛选的功能，导致美国学校一个班上从 0 分到 100 分的学生都有。这也是美国一方面在科技、商业、医学和法律等方面人才辈出，另一方面又有大量民众连基本的科学常识都没有的原因。相比之下，中国的学校坚持了教育对人的筛选功能，一个班里的同学彼此水平差不多。在这种情况下，老师比较容易教学，同学们容易相互激励。

总的来说，AltSchool 创始人确实看到了美国基础教育中存在的问题，但他给出的解法并不能解决这些问题。成本过高和效率过低只是诸多问题中最突出的一个，还有很多问题它也无法解决。比如，即便它不收费，不考虑成本问题，从低收入的社区招来许多学生，也无法保证那些学生回到家还会读书。另外，中等收入家庭的孩子是否有这种过分个性化教育的需求也没有得到验证。

AltSchool 失败的例子提醒我们在孩子的教育上要注意两点：第一，不计成本的精英教育未必可取，也难以持续。第二，**对孩子来讲，最适合他们的教育，而不是把他们照顾得最好的教育，可能对他们的成长帮助最大。**

兼容：教育的方法如何与
社会环境匹配

一个人接受的教育是否适合自己，要看他在哪里生活，将来的目标是什么。类似地，对国家来讲，最好的教育应该是最适合当下发展需要的教育。虽然前文指出，中国受洪堡教育体制影响，在培养大学生专业技能方面做得较好，而在启发大学生创造力方面做得不足，但不可否认，中国近年来的崛起很大程度上受益于大学培养了大量的工程师。实际上，这些理工科的毕业生不仅在中国的工业发展过程中起到了重大作用，很多还成了美国大学硕士生的来源，并且在世界各国的大公司中发挥着作用。比如，在约翰·霍普金斯大学，中国留学生数量达到顶峰的几年，也就是 2016—2018 年，工学院里 2/3 的硕士生来自中国。在哥伦比亚大学的统计系，这个比例超过 90%。通过学习工程，这些学生很快就成了世界上收入较高的人。

看到这里，你可能会问一个问题：既然美国工程师的缺口那么大，那它有没有可能采用中国的方法，从小开始大量培养将来从事理工科工作的学生呢？实际上，和美国教育理念接近的英国人还真做了这方面的实验。2015年，英国南部汉普郡的波亨特中学（Bohunt Comprehensive School）从上海请了5名老师，让他们在该校9年级（相当于中国的高一）的一个班开展中式教育。在这个试点，这5名老师被授予了绝对的权力，学生和英国老师必须按照他们说的做。

实验刚开始时，学生明显不适应。比如，老师要求他们每天早上7点穿着统一的校服到校，在校时间长达12个小时，每周还要举行一次升国旗仪式。在课堂上，主要是老师讲，学生以记笔记为主，没有什么讨论。此外，学生还要参加集体自习，放学后要打扫教室卫生。对于严格的要求和很长的在校时间，这些英国学生倒不是特别反感，但对不允许随时打断老师提问题这点，他们觉得很不习惯，因为他们期待老师了解自己的观点并且尊重自己发言。显然，中国式的教学方法与英国青少年的文化和价值观发生了冲突。

随着实验不断推进，中国老师在学校辅导人员的帮助下对教学方法进行了微调，学生们的表现也有所改善。一些学生开始喜欢上了这种教学风格。比如，那些善于记忆的学生认为抄黑板上的笔记有助于他们记忆所学的内容。不过，更多学生还是不喜欢中国老师的讲课方法，他们更希望能在课堂上表达自己的观点、提出建议、参与小组互动，以及提高技能。有的学生还会抱怨，他们唯一学到的东西就是如何快速抄笔记，并听老师向他们"布道"。

实验最后，学校的校长斯特哲（Neil Strowger）先生认为，对一些学生来讲，中国高强度的课堂教学是有一定价值的。但他也发现，对大部分英国学生来讲，一天上 12 小时课并没有帮助他们更好地掌握知识。他认为，中国学生的好成绩是中国家长、中国文化和中国价值观共同作用的结果，不只在于中国老师高超的教学方法。与此同时，参加实验的 5 名中国老师也发现了英国学生的长处，特别是在自立方面。

这次实验不能算失败，但也谈不上成功。后来，英国广播公司专门制作了一部 3 集的纪录片《我们的孩子足够坚强吗？中式学校》（*Are Our Kids Tough Enough? Chinese School*），详细介绍了这次实验。

这个实验的结果再一次证实了我在前文讲过的一个观点——教育的方法要和社会以及人相匹配。

教育要与社会环境匹配

接下来，你的问题可能是：能不能让一个美国学生到中国接受教育，先打好数理化基础，再到美国上大学继续提高？如果这条路走得通，很多中国家长会很高兴，因为他们觉得可以让自己的孩子在中国上小学、初中，然后到美国上高中和大学，这样似乎同时吸取了中美两国在教育上的长处。我身边有不少人这么做，但效果并不好。他们有的是从小在中国长大，后来到美国读高中和大学，有的是跟随父母从美国回国，在中国接受了基础教育，然后又到美国申请大学。这些学生在国内成绩都不错，也申请到了美国不错的大学，但他们在大学里的表现并不突出，主要是学习习惯和美国大学不兼容。当然，我也没有一一询问他们学习和生活的细节。

不过，2017 年，一位美籍华裔妈妈写了本书，讲述了自己的孩子在中国的经历，介绍了我之前没有机会了解的美国孩子在中国上学所遇到的很多细节问题。同时，这本书也指出了中国基础教育的一些问题，而这些问题通常是中国人（包括像我这样的在美国接受过教育的人）注意不到的。因为，我们会把中国学校里的很多做法看成理所应当的，而这位母亲来自美国，反而发现了这些问题，并且详细分析了原因。

这位妈妈叫朱贲兰，她写的这本书叫《小战士：一个美国男孩、一所中国学校和一场全球竞赛》（*Little Soldiers: An American Boy, a Chinese School, and the Global Race to*

Achieve）。朱贲兰是美国第二代移民，父母从中国移民到美国。朱贲兰自己接受的是半中半西的教育——在家接受中式教育，在外接受美式教育。后来，她先后上了美国两所名校——斯坦福大学和哥伦比亚大学，毕业后任职于路透社和美国有线电视新闻网。朱贲兰的丈夫是一位美国白人，几年前她随丈夫到中国工作，儿子自然也就跟着他们到了中国。

像他们这样到中国工作的人家，通常会把孩子送到国际学校。但是，朱贲兰有自己的想法，她把儿子雷尼送到了中国一所公立小学，让他和在国内出生、长大的孩子一起读书。朱贲兰这种做法受到了朋友们的质疑，但她很坚持。因为她觉得自己就得益于中西融合的教育，并且对"正宗"的中式教育有很高的期望——她想让孩子成为一个精通双语、有礼貌、守纪律、基础教育成绩斐然的人。但很快，朱贲兰就预感到自己的梦想将要变成幻想了。

有一天，雷尼头上顶了一个奖章回家，怎么也不愿意摘下来。他说，自己因为"一直坐着没动"而受到了奖励。朱贲兰想，这算哪门子好表现？在她的印象中，"在美国，学生可能会因为非凡地努力或者表现超过其他人获得奖赏"，她不理解，"在中国，你会因为按要求照做就得到一颗星"。

接下来，朱贲兰遇到了很多中国家长都会遇到的麻烦。雷尼所在学校乐队的老师找到她，说雷尼的水平需要提高。如果是在美国遇到这种情况，老师要么会给孩子进行一些额外的辅导，要么会鼓励学生，告诉他别着急，慢慢来。但是，当朱贲兰找到老师时，老师并没有要帮助雷尼的意思。其他家长暗示朱贲兰要给老师送一万块钱，但朱贲兰觉得这么做不合适，于是就没有送。可从此之后，老师更加冷落雷尼了，什么机会都不给他。

朱贲兰渐渐开始后悔自己的决定，最主要的原因是她发现孩子再这么学下去，将来融入美国社会会成为问题。比如，如果学生有不同的想法，美国的教育方式是让学生大声说出来，中国的老师则会让学生听话。朱贲兰开始发愁，如果孩子养成了有想法不说的习惯，等回到美国可怎么办？

书中还写了很多东西方在文化上有冲突的地方。此外，朱贲兰当初送孩子到中国公立学校读书，是为了让孩子打好语文、数学和科学基础，但当她发现学校只教考试会考的内容时，她开始质疑这种基础教育是否太过功利了。这本书写到最后，朱贲兰的想法变成了让孩子的中文水平赶紧过关，然后回到美式的教育环境中。很显然，她试图用中式教育来弥补美式教育不足的尝试失败了。

那么，为什么中式教育不适合美国的小学生？美国人对这本书有各种各样的看法，我周围一些人也探讨过这些问题。我们的结论是，朱贲兰的尝试失败的最主要原因，是她忽略了一个大前提——教育的内容和方法要和社会以及人文环境相兼容。

在中式教育下成长起来的人，在中国的大环境下，以及在中国未来很长一段时间里，都是能够适应的。过去，在中国的各个领域，同龄人之间都要经过非常激烈的竞争才能获得为数不多的机会，因此和竞争不直接相关的内容，学校当然不会教。

相比之下，欧美社会中年轻人之间的竞争不是非常激烈，在这样的环境下，每个人的生存压力就小很多。虽然美国的教科书编得不错，老师水平也不错，但对学生的要求极为宽松，学生自然就不会努力。说句实话，指望青少年有多高的自觉性完全是痴人说梦。

如果老师和学校不要求，即便有再好的教材、再好的内容、再好的老师，也出不来好的学生。更何况，现在美国的学校完全不敢对非洲族裔的学生提要求。美国一些州甚至规定，交白卷的底分是 50 分，而不是 0 分。一位老师给了某个非洲族裔交白卷的学生 0 分，结果反而被学校开除了。美国普通中学的数理化教学肯定是有大问题的，特别是老师对差生放水的做法显然是害了那些学生。这个基本问题不解决，把中国的教育方式搬过去也没用。美国当然也有一些数理化教育不错的中学，只不过那些差学区的学校不愿意照着做罢了。

朱贲兰后来的想法是对的。就算雷尼在中国的学校里数理化考了高分，将来和美国的大环境直接对接，也可能会接不上。反过来也是一样的。把在美国基础教育环境中成长起来的学生直接扔到中国的环境中发展，也会出现大问题。因此，教育要和社会环境相匹配，这是大家在选择教育方法时首先要考虑的问题。

教育要与家庭情况匹配

如果不考虑办学成本，像前文介绍过的 Alt School 这样的学校，对于扎克伯格或者布林这样家庭的孩子或许是一个福音，因为他们在最大程度上获得了发展的空间。他们即使在大学阶段，也不用急于学习一个能马上找到工作的专业，而可以广交朋友，把自己的知识基础打扎实。但是，对于底层民众，哪怕是普通家庭的孩子，接受这种教育的必要性都值得怀疑，因为这种教育方式和那些孩子将来要做的事情并不匹配。

我在约翰·霍普金斯见过两类学生。第一类有很重的生活压力，多读半年家里都供不起，他们需要赶快凑够学分毕业，然后找一个挣钱多的工作；第二类家里根本不指望他们马上工作挣钱，他们多读一年少读一年都没关系，毕业后从事什么样的工作都可以。

后一类人通常会根据自己的喜好，在很多专业选课，然后找到自己最喜欢的事情做。他们因为不急于毕业，可能还会花很多时间做课外活动和社会工作，甚至有人会请一年假到世界各地转转，或者到公司工作一年，了解一下社会。显然，从长远来讲，后一种人其实竞争力更强。但是，设身处地为前一种人想想，他们的选择，确实需要和自己的实际情况匹配。

这也是另类学校的教学方式不可能向普通公立学校推广的深层次原因，因为它提供的教育和普通家庭的情况不匹配。

实际上，对底层家庭帮助最大的，其实是我们前面介绍的四健会这样的基层组织，它们至少帮助青少年变成了好学上进的人。

朱贲兰在书中提到但是没有展开讲的一个问题是同学之间交流的问题，这也是 AltSchool 难以解决的。柏拉图认为，讨论是最重要的学习环节。朱贲兰的儿子雷尼在同学和家庭中其实处于一种很尴尬的位置。一方面，他要在学校融入同学，这样才能和同学进行交流，否则大家只会把他当成一个外国人；另一方面，他把在学校获得的观点讲给父母听后，却和父母产生了冲突。小孩子显然不适合处理这种局面。

实际上，每一所学校的学生都会构成一个理念基本相近的圈子，这是他们讨论的基础。如果一个学生与同学无话可说，回到家也无话可说，教育的意义就失去了一半。在这样的学校里，即便老师水平再高，活动搞得再多，教育的效率也要大打折扣。

不同的教育方法会塑造不同的人，这个道理反过来也成立——对于为自己设定了不同的人生目标，打算过不同生活的人，应该采取不同的教育方法。如果你打算成为一名科学家，就应该从小按照科学家的方式培养，要注重观察，经常动手做实验，要培养对未知世界足够的好奇心，接受逻辑训练，不断理性地质疑现有的结论。如果你打算成为一名领导者，就需要从小按照领导者的方式培养，要练习与人相处，把问题讲清楚，接受各种领导力的训练，带着小朋友一起做事情。如果想当科学家的人进入了培养领导者的学校，那么无论这所学校多好，都未必适合他，他甚至可能完全无法融入其他同学的圈子。当然，青少年是会改变主意的，小时候想当科学家的人后来可能成了领导者。幸运的是，青少年都是具有可塑性的，想法改变了，再接受新的教育也不迟。

具体到雷尼小朋友，他将来是要回美国生活的，他在中国接受的知识教育肯定对他有很大的帮助，但他在中国养成的学习习惯是否适合将来美国的社会就不得而知了。

《小战士》这本书还引发了我的另一个思考：如果要给孩子寻找一个适合的教育环境，一个可以让他随之一同成长的同龄人的圈子，那么，这些学生的家长也应该有差不多的理念；如果有某个家长的想法和其他人相差太多，他的孩子就可能会欠缺与其他孩子交流的基础。这也解释了我过去注意到的一个现象，也是很多人都有的一个困惑，就是在学校里，如果有一个孩子来自一个非常特殊的家庭，无论这个家庭家境太好还是太差，那个孩子都常常会感到被孤立。

结合前面两节谈到的问题和《小战士》一书中所提到的问题，我们必须承认：教育方法需要适合个人的情况。有些看似很好的教育形式，其实只适合特定的场景和人群。如果不适合孩子本身，哪怕再"高大上"，也不是好的教育。理解了这一点，在教育上就不能急功近利，要慢慢来。那种指望孩子考进当地最好的学校，然后一下子从最底层提升到最顶层的想法是不切实际的。如果刻意这么做，反而会对孩子有害。

方法：教育的关键是什么

今天社会上有一个现象，就是"妈宝男""伏弟魔"随处可见。究其原因，主要是青少年在成长过程中缺乏适当的引导和管束。瑞士著名教育家和少儿心理学家让·皮亚杰（Jean Piaget）研究发现，孩子的心智是不成熟的，教育的一个重要目的就是让他们发展成心智成熟的人。但是，如果他们在成长过程中没有受到这方面的培养，那么他们长大之后心智依然不会成熟。一方面，这让他们成为失败教育的牺牲品，在社会上处处碰壁；另一方面，心智不成熟导致的以自我为中心、不理性、思维逻辑单一等问题，也会让他们在社会生活中影响甚至危害他人。因此，真正好的教育远不是让孩子能考高分，而是要有益于"人"的成长。要改善社会风气，也要从孩子的教育做起。在这方面，德国哲学家和教育学家赫尔巴特[1]的教育方法被认为是相当有效的。

1　全名为约翰·弗里德里希·赫尔巴特（Johan Friedrich Herbart）。

赫尔巴特的教育理念

赫尔巴特生于 1776 年，于 1802 年获得哥廷根大学博士学位。在读书期间，他到瑞士做了两年家庭教师，获得了一些一手的教育经验，并与瑞士著名教育家裴斯泰洛齐[1]有过交往。1809 年，他成为柯尼斯堡大学康德哲学讲席教授，任职长达 24 年。其间，他建立了一个教育学研究班，招收 8—14 岁的青少年进行教学实验，逐渐形成了一套有效的青少年教育方法。

赫尔巴特被看作科学教育学的奠基人，其著作《普通教育学》被认为是西方教育科学的开山之作。具体来说，赫尔巴特的思想可以总结为 4 个要点，下面我会一一来介绍。不过，其中有的要点大家可能并不陌生，我就一带而过；有的可能会颠覆大家的认知，我就会展开仔细分析。

*

第一，教育者（包括家长）需要懂得教育学和心理学，要

1　裴斯泰洛文（Johan Heinrich Pestalozzi），瑞士著名民主主义教育家，代表作为《一位隐士的夜晚时刻》。

注意观察孩子。

我们一般认为，要辅导孩子数学，就需要自己先搞懂数学，否则没法教。很多家长送孩子去上辅导班，也是冲着具体的课程去的。但赫尔巴特认为，教育者要了解的第一门科学是心理学。对有的家长来讲，学习心理学可能会有些困难，但最好还是多少了解一点，因为这是对孩子开展良好教育的基础。

除此之外，家长还需要经常观察孩子的表现，因为孩子的个性和特长是需要被发现的。教育者不能只按自己的构想去培养孩子，否则不仅可能搞错方向，还会遇到很大的阻力。

很多人问我如何发现孩子的特长。其实，只要家长真的能花足够多的时间去观察，一定是可以发现的。很多偷懒的家长看别人家的孩子学什么，就让自己家孩子跟着学。这样既可能会埋没孩子的天赋，又让孩子把太多精力花在了没有结果的地方。

*

第二，孩子是需要管理的。

这是这一节要讲的重点。

赫尔巴特认为，不存在无教学的教育，也不可能不经过教育就让儿童成为一个体面的人。今天的很多人可能会觉得赫尔巴特有些过分强调对孩子的管束。不过我认为，有两件事他提醒得很有道理。

一是，孩子本身不会带着任何意志来到这个世界，但父母在管束孩子时会带着自己的意志。孩子会感受到这种意志的存在，并且会慢慢学会这种意志。但这一点在孩子小时候很可能体现不出来，只是孩子可能会表现出不服管教的情绪。如果家长对这种情绪没有觉察，也不应对，而是放任自流，就有可能发展出不良的后果。

用今天的话讲，就是孩子需要管束，但管束也要注意方式方法，不要没管好孩子，反倒让他学会了家长的某些坏习惯。

二是，孩子在做错事情之后，需要受到一定的处罚。我们常讲要爱孩子，要宽容，但这和孩子做错事后让他接受处罚并不矛盾。

处罚孩子主要有两个目的：首先，告诉孩子什么事情不能做，以免小错变成大错，成年之后危害社会；其次，为了公平对待其他孩子，特别是被伤害的孩子。比如，有学生在学校作弊，学校就需要把他找出来并进行相应的处罚，否则就对其他学生不公平；孩子在学校里打了人，也要对他进行相应的处罚，对于被伤害的同学，可能需要作出民事赔偿。

今天有些人对西方教育一知半解，或者片面强调一个方面，听到一两个国外的名词就奉为真经。比如，一些人鼓吹"欣赏教育"，认为对孩子只能夸，说不得碰不得，甚至有些家长只要孩子不高兴就怪老师。这就是不懂装懂，对国外的教育不了解，却要拿国外说事。这样纵容孩子的结果就是爱闯祸的孩子有增无减，最后害人害己。

2020 年，得到 App 专栏"硅谷来信"的读者们问我，在美国的学校里，如果学生严重违反纪律会受到怎样的处理。为此，我专门询问了我的女儿。她拿着学生手册告诉我，针对不同的情况，她所在的学校会对学生施以不同的处罚。如果不是很严重，处罚从轻到重可能是接受任课老师的训导、在老师办公室被监督学习、接受教务主任的训导。如果稍微严重一些，就要从事若干小时的学校劳动，甚至周末也要到学校做各种工作。当然，周末一定会有老师看着，而老师的加班费需要由这位学生的家长出。再严重些，则会被留校察看，甚至被开除学籍。如果涉及刑事责任，就要交给警察处理了。从中不难看出，美国学校对学生的管束其实是很严格的。

有人可能会想：是不是私立学校才会管得这么严，公立学校并没有呢？其实，即便是公立学校，但凡所在的学区好一点，都会有很严格的规章制度。几年前，我的一位朋友讲了他女儿在库比蒂诺学区[1]一所学校的一段经历。看了这个故事你会发现，美国中小学对学生的一些处罚其实比中国的学校还要严格。

当时，这个女孩在学校受到了一个男生的纠缠。当然，只是口头上的纠缠，男生并没有动手。这个男生不停地找这个女孩，说想和她交朋友，但女孩从来都不搭理他。结果有一次，这个男生递给女孩一张纸条，上面写着"如果你不和我交朋友，我就怎么怎么样"之类的威胁内容。回家后，女孩就把这件事告诉了父母。她父母刚从中国过来不久，不知道如何处理这种情况，就去找老师咨询，希望老师能劝导一下那个男生。谁知听到这个消息后，老师马上和他们说，你们告诉我做得很对，然后马上报了警。

女孩家长觉得，报警是不是太为难那个男生了，毕竟对方也只是个未成年人。但老师说，这件事已经超出了可以私下解决的范围，必须警察介入。第二天，警察来封锁了学校，把那个男生带走了，同时还搜查了教室和男生的家。之后，那个男生被保释出来了，但活动范围受到限制，不能出现在这个女生附近一定的范围之内。后来男生表示认错，因为没有给他人造成伤害和严重影响，警察不再追究他的刑事责任。但学区通知

1　库比蒂诺是苹果公司总部的所在地。

他必须换学区读书，于是他们一家人不得不搬家到了其他学区。你看，因为行为不当，这个未成年人受到了非常严重的惩罚，并且给自己和家庭带来了非常多的麻烦和很大的经济损失。

有一次，一些读者和家长问我对于教育部制定《中小学教师实施教育惩戒规则》的看法。我认为，制定一个具有指导意义的规则是非常有必要的。这样既能避免一些老师随意处罚学生，也让学校能够按照法律法规正常地对违纪学生进行处罚。与赫尔巴特所处的时代相比，虽然今天对学生的要求相对宽松，但这不意味着就不需要处罚违纪违法的学生了。

*

第三，教育的目的是多方面的，对孩子兴趣的培养也是如此。

前面的章节中已经谈到过类似的观点，这里要特别强调一下赫尔巴特在这方面观点的独到之处。当时，普鲁士有些人觉得，教育是为了国家的未来，但赫尔巴特明确地指出：不！教育首先是为了让孩子能有更好的未来。

如果我们坚信人是受教育的主体和教育的中心，那么，教育就应该围绕人的各种追求展开。赫尔巴特认为，教育的目的是让人过上好的生活，而不是过上某种片面的生活。什么是好的生活呢？虽然不同人有不同的看法，但大家都会承认，好的生活意味着有自己的自由，有发展的空间，工作和生活是平衡的。那什么是片面的生活呢？比如，古代斯巴达把男人都培养成战士，那些人过的就是一种片面的生活。再比如，古代的奴隶无异于劳动的机器，过得显然也是片面的生活。再比如，在一些社会中，人们没有自己的生活，每日不过是辛劳工作维持生计，即使有了钱，生活中也没有其他休闲活动。从一定程度上说，这些人过的也是一种片面的生活。

如果一个人没有受过教育，只能靠出卖劳动过活，那他当然只能过片面的生活。但是，如果一个人接受了教育，他就不该如此了，他应该过自己想要的生活。由于每个人的需求都是多方面的，只有这多方面的需求都得到了满足，才能说他过上了好的生活。为了达到这个目的，赫尔巴特认为教育也应该是多方面的。

在教育的方方面面中，排在第一位的应该是德育，在这之后才是知识的传授。德育之所以要排在知识教育前面，是因为但凡一个人想在社会上生活得很好，他就必须是"有德之人"，否则就会和社会格格不入。

关于传授知识，赫尔巴特将其分成了两种：第一种是为了

"必要性的目的"而传授知识。就是说，这类知识是孩子们必须学的，不学就难以在社会上立足。今天中小学通识教育的内容基本属于这一类。第二种是为了"可能性的目的"而传授知识，就是孩子们为了实现自己的人生梦想而要学习。举个例子，一个孩子的梦想是当艺术家，但现实是只有极少数人可以完全靠艺术收入养活自己，所以他要先确保自己具有谋生的能力。比如，他学习了编程，就可以以此谋生。对他来说，学习艺术知识是为了可能性的目的，学习编程知识则是为了必要性的目的。

很多人在选择目标时会陷入单一思维，一定要把必要性的教育和可能性的教育混为一谈，结果只能是让自己的人生道路越走越窄。

在培养孩子的兴趣方面也是一样的道理。赫尔巴特认为，教育者应该帮助孩子确定他的"必要性的目标"。因为缺乏社会经验，未成年人难免会在做选择时出错。这时，教育者应该帮他认识到究竟什么才是好的选择，引导他学习有益、有用的知识。

很多年轻人会觉得，自己大学毕业了，上了十几年学，什么都懂了。但如果他学的东西对他立业、成人没有用处，那么所谓的高学历除了让他产生自负心理之外，并不能给他带来任何好处。

*

第四，教育对性格有很大影响。

我们都知道，性格最终会决定命运，那么性格又是怎么形成的呢？有观点认为，性格完全是天生的。但赫尔巴特认为，教育对人性格的形成会起到决定性作用。

赫尔巴特把教育对性格的影响称为"训育"。也就是说，教育会对青年的心灵产生直接影响，并塑造他们的心灵。具体来讲，教育可以从六个维度影响孩子的性格：第一，培养孩子遵守规则的习惯；第二，提高孩子的判断力；第三，提高孩子适应环境的能力；第四，训练孩子克服冲动的涵养；第五，提高孩子的道德水准；第六，培养孩子的反思能力。

如果一个孩子在这六个方面都接受到很好的教育，那他的性格就会更成熟、更完善。我们就可以说，对这个孩子性格的培养成功了。

*

赫尔巴特的教育思想给人的第一印象是严格管理孩子，我第一次读他的书时也有这个印象。但如果把他全部思想放到一起来理解，我更愿意说他强调的是教育工作者对孩子的教育要上心，而这个上心是全方位的。赫尔巴特认为，教育者要懂得教育理论和心理学，要了解孩子各方面的教育需求，要培养孩子多方面的兴趣、目标和相应的能力，帮助他们形成更好的性格。同时，对孩子出现的问题也不能放纵。我有时在想，我应该在教育上做一个合格的父亲，于是便对照着赫尔巴特提出的要求一点一点地去做了。

延伸阅读

［德］赫尔巴特：《普通教育学》

结语

　　教育的方法有千万种，但有好坏之分。好的教育方法会把关注焦点放在被培养的对象，也就是学生身上；差的教育方法则强调分数或者其他教育成就，忽略了受教育的主体，也就是人。无论是德国式的比较严格、完全按照规范进行的教育，还是英美式的灵活、因材施教的教育，抑或是中国一些优秀中小学强调夯实基础的教育，都是为了让学生在未来的人生中受益于青少年时受的教育。相反，今天很多学校、老师和家长采用急功近利的教育方法，反而扼杀了青年人的创造性，甚至让学生们厌学。这样的教育方法，即便能让学生在不超出教学大纲的考试中取得高分，也无法把他们培养成有用的人才。对国家和社会来讲，这也是在浪费教育资源。

4

教育的节奏

但凡长期有效的教育，都需要掌握好教育节奏。过早接受自己能力达不到的教育，只会事倍功半，甚至错失一些成长的关键节点。该接受教育的时间没有接受相应的教育，或是耽误了教育，以后则可能会失去一些机会。不过，相对而言，揠苗助长的危害更大，这也是如今国内教育面临的主要问题——知识教育哪怕起步晚一些，只要以后有机会补上，对人的影响就不会太大。

　　我在中国和美国的两位导师分别是王作英教授和贾里尼克教授。他们因为幼年丧父，上学的时间都很晚，可一旦得到学习的机会，很快便赶了上来。这种现象绝不是个例。美国大部分小学生对文化知识的学习都明显落后于中国城市里的同龄人，但到了高中，绝大部分人也都赶了上来，甚至有所超越。我的小女儿便是如此。

　　当然，最好的情况是在相应的年龄学习合适的内容，按照青少年成长的速度来把握教育节奏。在这方面，卢梭的思想和皮亚杰的研究对人最有启发。

天性：什么是"自然教育"

　　说到卢梭，你应该不陌生，他是法国著名启蒙思想家，和伏尔泰、孟德斯鸠一起被誉为法国启蒙运动的三剑客。卢梭的《社会契约论》对现代政治制度产生了重要的影响。不过，很多人可能不了解，卢梭的教育理念也对后世产生了重大的影响，这种影响一直延续至今。

　　卢梭的教育思想主要集中在《爱弥儿》这本书中。在书中，他以第一人称的口吻讲述了一位家庭教师与其学生爱弥儿之间的故事——爱弥儿是卢梭虚构出的一位理想的学生。如果了解一点法语，你就会知道，爱弥儿这个名字在法语中就如同约翰在英语中那么常见。可见，卢梭在书中讨论的教育针对的是广大青少年，而不是某个特定的人。

　　整本书从爱弥儿的诞生讲起，依次讲述了爱弥儿童年、少年、青年以及后来结婚成家这些人生阶段的经历，并且通过"我"教育爱弥儿的故事，论述了人在不同成长阶段应该接受怎样的教育。

表面上看，《爱弥儿》很像是一部教育题材的小说。但如果亲自读一下，你就会发现，这本书更像是一本教育哲学方面的论著。实际上，这本书的全名就叫《爱弥儿：论教育》。卢梭真正想讨论的，是如何教育出理想的一代人。哲学家康德说这本书的出版是可以和法国大革命相提并论的大事件，著名教育家裴斯泰洛齐、杜威等人也都受到了卢梭教育思想的影响。

当然，卢梭的经历以及他对待自己孩子的方式在历史上是很有争议的[1]，但我们不必因人废言。卢梭的思想不是唯一正确的理论，但确实有可以给予我们启发的地方。我自己在养育孩子的时候，会经常翻阅《爱弥儿》。书中的理念不仅对教育孩子有启发，对自我学习和自我提升也很有帮助。我自己最初读这本书其实是在大学毕业之后，但仍然受益良多。后来我经常想，如果自己在中学时读过这本书，或者我的父母读过这本书，那么我的成长会更健康，我的进步速度会更快。

这一节，我们来讨论卢梭教育思想中最核心的一个原则，就是教育要遵循自然，卢梭把这叫作"自然教育"或者"直观教育"。

---

1 卢梭一方面是启蒙学者中的一员，另一方面又和几乎所有的启蒙学者闹翻了。他一方面写了教育学名著《爱弥儿》，另一方面却不抚养自己的孩子。他与情妇泰蕾兹勒瓦瑟生育了5个小孩，卢梭建议为了泰蕾兹的名声，将小孩都送到育幼院去。

卢梭的主要教育思想

卢梭认为，人的自然天性是美好的，但不好的教育体系会将人教坏；教育真正的目的在于使人成为自然人，使人能够依照自然的秩序和自然的法则做事。卢梭之所以强调要回归人的自然状态，是因为他认为大自然本身是自由、平等、良善的，如果人能回归到这种状态，生命就能实现最大的价值，社会也会变得公平。时至今日，教育要遵循人的天性已经成了最基本的教育常识，这与卢梭的思想是分不开的。

经常会有人说，小地方的人都比大城市的人质朴，或者说大城市的人显得太精明。为什么会这样呢？因为在大城市这种复杂的环境中，人要想不吃亏，就难免要精于算计；而小地方的环境相对比较简单，人也就不必变得那么精明。卢梭认为，市侩的社会风气会把人带坏。在《爱弥儿》中，卢梭开篇就开宗明义地提出了他的主张。他说：

> 出自造物主之手的东西，都是好的，而一到了人的手里，就全变坏了。[1]

1　［法］卢梭：《爱弥儿》，李平沤译，商务印书馆 2011 年版。下文《爱弥儿》的引文同。

卢梭认为，人越来越喜欢按照自己的喜好摆布甚至扭曲万物，违背了万物的自然规律，通俗地讲，就是人变自私了。为了防止孩子从小染上自私的毛病，特别是在判断力不足时沾染上坏习惯，就要保护好孩子的天性。

卢梭讲，在 12 岁之前，人的理性思考能力还不足，更多是通过直观感受来学习。直到 12 岁之后，人的理性才会逐渐发展完全。因此，在 12 岁之前，儿童最好的学习方式就是不断通过具体的感知去认识世界。此时有两件事是不能做的，一件是让孩子过早接触到人世间的阴暗面、人们行为中恶的一面，以及可能会让孩子走入歧途的事；另一件是过早给孩子灌输太多他们接受不了的抽象知识。

第一件不能做的事是为了保护孩子，大家也都知道这一点。比如，我们都会让孩子远离色情或暴力的影像，会把人性恶的一面藏起来不让孩子们看到。但第二件事，很多家长却都在做。其实，这就是我们常说的揠苗助长。一旦给孩子们灌输太多他们难以接受的抽象知识，哪怕那些知识在将来是必要的，由于理解不了，他们也会对其失去兴趣；如果强行灌输，而他们理解错了，就会适得其反。

举个具体的例子。对于一个正在学画画的五六岁的孩子，好的老师会让他自由发挥，画他喜欢画的东西，不去限制他的感受力和想象力。但是，有些急躁的家长会问老师：怎么还不让我家孩子学素描？我家孩子什么时候才能把东西画得非常像？如果老师也有点急功近利，只想应付家长的要求。逼着孩子学素描，很可能就会扼杀孩子对画画的兴趣和天赋。还有的老师会让孩子记住画几种动物的定式，但孩子理解不了这背后的道理，除了这几种动物，其他的就都不会画了。

在分析了人的自然天性和教育之间的关系后，卢梭指出，既然自然天性是人和世界所固有的，不是人力可以创造出来的，那就不能要求自然的教育向人为的教育靠拢，而要让人为的教育适应自然的教育，以自然为基准，只有这样教育才会有效。

三种教育和蒙特梭利教育法

卢梭认为，每个人在成长过程中都会接触到三种教育——自然的教育、事物的教育和人为的教育，而这三种教育又分别对应着三种老师——自我、被自己的行为影响的事物，以及他人。

自然的教育，也就是自我教育。每个人都有自己的才能，这些才能有自然发展的可能性。即使没有人为的教育，人们也可以在自然中学习、成长，这是每个人生来就有的禀赋。在成长过程中，如果一个人能始终对世界保持好奇心，对知识保持渴望，自我这个老师就会不断发挥作用。如果揠苗助长，让自我这个老师厌倦了，进步也就停止了。

事物的教育，就是我们所说的从经验中学习。一个人只要做事情，就会被客观世界影响，获得经验，就能得到事物的教育；但如果不做事，就无法获得经验，也就不会有事物的教育。很多读者问我："看书的时候觉得有道理，但怎么觉得自己没有太多长进呢？"我问他们："那些知识，你们用了吗？"如果不使用知识，就会失去事物的教育。很多常识，无论别人讲多少遍，自己记得多熟，只要没在生活中用过，就不会起作用。比如，人人都知道投资有风险，但只有拿真金白银在市场上操作过，输过钱，有了切肤之痛，人们才能真正学到这个道理。

当然，我们在生活中见到最多的还是人为的教育，也就是来自他人的教育。在学校学习，跟着父母学习，向周围人学习，都属于这一类。对此，你应该不陌生，这里就不展开论述了。

上述三种教育的划分方式，让后来的教育家们深受启发。20世纪初意大利著名教育家玛利亚·蒙特梭利认为，过去的教育过于强调人为的教育，而忽略了自然的教育和事物的教育。她发现，在谈到加强教育或者改进教育时，人们说的都是来自他人的教育，比如家长、老师对孩子的教育，忽视了孩子的自我教育和自我成长。于是，她提出了一种教育法，强调让孩子在自我学习、自发行动中实现教育的目的。后来，这种教育法以她的名字命名，即"蒙特梭利教育法"。从本质上讲，蒙特梭利教育法就是卢梭教育理念的具体化实施方案，它让孩子天然的心理、生理及社会性得到尊重和发展，激发孩子们自身的学习潜能。

采用蒙特梭利教育法的幼儿园和小学强调独立、自由的学习模式。比如，学校会把不同年龄的孩子编到一个班，给他们提供教学工具，让他们自己学自己的，而不是通过听老师讲解来学习。很多商业巨子小时候都接受过蒙特梭利式教育。据统计，现在全球有2万多所蒙特梭利学校（包括幼儿园）和部分采用了蒙特梭利教育法的教育机构。

很多孩子没有机会接受蒙特梭利式的教育，但这不妨碍家长用卢梭的教育理念对孩子进行全面的教育。家长和已经进入大学的青年都应该清楚，今天大家所接受的事物的教育是远远不够的。不仅孩子们缺乏事物的教育，很多大人和真实世界的接触也很少。在今天，虽然旅行不再是一件困难的事，但很多人仍然生活在自己的小圈子里。特别是有了互联网之后，他们更是懒得和真实世界接触了。还有一些人，即便有机会接触真实的世界，也习惯把头缩回自己熟悉的生活圈子里，对身边世界发生的事情无动于衷。这样的人虽然在和世界保持接触，但他们从外部世界受到的教育非常有限。

进一步来说，即便是在人为的教育中，很多人也只重视来自老师的教育，忽略了家长自己的教育责任。比如，很多家长以工作忙为由，直接把孩子甩给补习班。我经常讲，把孩子丢给补习班是家长不负责任的表现，但总会有人抬杠，说孩子根本不听自己的，把孩子送去补习班不仅学习效果更好，还免得影响亲子关系。我认为这种说法实在是本末倒置。

如果一个人发现自己停止教育孩子，亲子关系反而变好了，那他的教育方法一定有问题；如果一个人觉得只要给孩子钱花、宠爱孩子甚至讨好孩子，亲子关系就一定会变好，那他得到的不过是一种虚伪的友好。孩子总会成长，他们心里会明白究竟怎样才是真的对自己好。如果你觉得给孩子钱就够了，那他以后可能只会把你看成取款机。孩子在生活和成长中遇到的许多的问题，如果家长缺位，是解决不了的。

世界上没有比亲子关系更容易建立起来的关系了。只要你认真花时间陪伴孩子、教育孩子，孩子就会回报给你最纯粹的爱。如果连良好的亲子关系都建立不起来，你就需要好好反省一下自己这家长是不是当得太不称职了。

在人为的教育中，人们不仅经常忽视家长的教育责任，还经常忽视来自同学和朋友的教育。

现在，有的学校过于强调学生之间的竞争关系，使孩子们无法建立起良好的友谊，学生之间相互学习更无从谈起了。回想我自己受到的教育，其实很大一部分来自同伴的帮助。如果少了这部分，即使考进特别好的大学，也缺失了本应获得的很重要的一部分教育。

教育为何要遵循自然

卢梭强调自然教育还有更深刻的考虑，那就是未来应该是个理想的社会，在理想的社会中应该有理想的人。本节开头讲到，《爱弥儿》这本书其实是要探究如何教育出理想的一代人。结合卢梭的思想体系，特别是他的成名作《论人类不平等的起源和基础》和代表作《社会契约论》，我们可以知道，卢梭主张建立一个人人平等、以公平契约为基础的社会。在他看来，自然的秩序是平等的，而人为制造的秩序让人们有了阶层之分。他认为，真正好的秩序不是人为的，而是自然的；人应当顺应真正好的秩序，因此需要接受自然的教育。

今天，如果我们希望将来的社会是一个更加平等、更加公平的社会，就需要在教育孩子的过程中贯彻这个理念。如果我们告诉孩子他将来必须成为精英，强迫他接受那些所谓的能够成为精英的教育，不仅会违背他的天性，而且一旦孩子没有按照家长想象的那样发展，家长和孩子也会陷入痛苦之中。对家长来讲，这是想象破灭，教育失败；对孩子来讲可能更糟糕，这意味着生命的扭曲，他到了社会上也会背负着沉重的心理负担，甚至可能把自己没能替父母实现的理想转嫁到自己的孩子身上。

此外，很多老师和家长的教育标准是混乱的，并不符合社会的真正需求。很多大学生在走向社会时都会有这样一种困惑：我是老师和家长眼里的好学生，为什么社会不认可我呢？于是他不得不花很大的代价重新适应社会。其实，在卢梭的时代，就已经存在这种现象了。他在书中是这样写的：

> 小孩子，谁说得上他将来的命运是怎样的呢？因此，在任何事情上都不要使他形成一种刻板的方式，以免在必要的时候要花很大的力气才能更改。

因此，真正有益的教育应当基于自然、基于人的天性展开，而不是人们刻意设计的。正如卢梭在书中所写：

> 凡是人所制造的东西，人就能够把它毁掉；只有大自

然刻画的特征才是不可磨灭的。

卢梭认为，在所有基于自然的教育内容中，最重要的是根据自然的原则履行自己的天职、修养品德，以及掌握基本的独立生活的能力。只有这样，人才能获得自由，不被人为的秩序所禁锢。卢梭讲，一个学生从他门下出去，无论做什么，首先是做人——做到了这一点，命运就不能改变他的地位，因为他自己可以牢牢把握自己的地位。

卢梭受古希腊斯多葛学派影响很深，他崇尚过一种顺其自然的生活，这是他推崇自然教育的根本原因。在《爱弥儿》中，他引用了斯多葛学派哲学家塞涅卡的话："生活，这就是我要教他的技能。"在书中，卢梭借爱弥儿的教师之口说，他教育出来的孩子以后可以从事任何职业，无论是做军人、教士还是律师，因为"大自然就已经教他认识人生了"。卢梭还引用了西塞罗[1]的一句话"命运啊，我对你早有防备"，表明这样通过自然教育培养起来的人能真正成为命运的主人。

至于如何让孩子接受自然的教育，卢梭指出，对不同阶段

1　马尔库斯·图利乌斯·西塞罗（Marcus Tullius Cicero），古罗马著名政治家、哲学家、演说家和法学家。

的孩子，要进行不同的教育，采用不同的方法，这就涉及教育节奏的问题了。

延伸阅读

［法］卢梭：《爱弥儿》

节奏：如何把孩子当作孩子

介绍完卢梭教育思想中最核心的原则，我们再来看看卢梭是如何把握教育的节奏的。卢梭把一个人从婴儿到青年的教育分成了 4 个阶段，即 2 岁以前的婴儿教育阶段，2~12 岁儿童的感官教育阶段，12~15 岁少年的智育教育阶段，以及 15~20 岁青年的德育教育阶段。让教育的内容和方式随着孩子的成长而改变，其实是很多家长和老师都忽略的。很多年前我在读了《爱弥儿》之后，最大的感触就是要把孩子当作孩子，这也是我教育孩子最深的体会之一。

把孩子当作孩子

说到把孩子当作孩子，你可能会觉得这再简单不过了，但实际上有很多家长，甚至可以说大部分家长都没有做到一点。我在下面列举了几件事，家长朋友可以看一下自己是否曾经这样要求过孩子，或者是否对孩子做过类似的事情。年轻的朋友则不妨想想你的家长是否这样要求过你。

    1. 希望孩子考第一；

    2. 给孩子讲很多道理和逻辑，希望孩子能够完全听懂，并且不再走弯路；

    3. 让孩子牺牲当下的幸福或快乐，理由是"都是为了你将来好"；

    4. 教给孩子很多他一知半解的知识。

你应该能感受到，这些做法在现在非常常见，但它们其实都违背了卢梭讲的"把孩子当作孩子"。

先来看第一件事。为什么要求孩子考第一是没有把孩子当作孩子看待呢？这一方面是因为对于大部分孩子来讲考第一是不现实的要求，另一方面，孩子的认知能力无法理解考第一的必要性。

假设一个班上有 50 个人，那么，有 49 个都是拿不了第一的。如果我们的老板这样要求我们，我们会觉得他太过分，因为一个部门只会有一个第一。既然如此，我们又有什么理由和必要去要求还不太懂事的孩子呢。

有人可能会讲，第一名和第二名之间存在巨大差别，前者会在一生中获得多得多的机会，因此即便做不到第一，也要争第一，让自己永不言败。这个道理没有错，但这种想法恰恰是成年人的想法，我们一定要孩子也能懂这个道理，就陷入了上述的第二个误区。

成年人会懂得第一名的重要性，然后经过理性的权衡做出争第一的选择，并且为此坚持长时间地付出，不懈地追求卓越。这是一个成熟的人才能做到的事，甚至很多成年人自己也做不到。但是，很多家长却理所当然地对孩子提出这样的要求。这就是在用大人的思维方式要求孩子。

卢梭在《爱弥儿》中讲，在不同的发育阶段，人的生理结构、感觉器官和语言能力都是不一样的，孩子的思维方式和大人的有很大差别。他举了一个例子。在很小的时候，孩子几乎没有语言能力，感觉到疼就只能哭。这时，如果你对他说"别哭了，哭有什么用，你到底怎么了"，显然不会有任何作用。孩子理解不了你的话，也无法用语言表达自己的感受。这时你应该检查一下孩子是不是不舒服，或者把孩子抱起来安抚一下。等孩子长大一些，再遇到这种情况，他会先说自己疼，只有疼得难以忍受了才会哭。你不需要教孩子不要哭，随着慢慢长大，他自然就会哭得少了。

很多时候，我们都是在用大人的思维方式和孩子沟通。对于我们提的各种要求，孩子其实并没有真的搞明白，只是因为其他原因而按照我们的要求去做了。比如考第一这件事，对一个刚上一年级的孩子来说，他未必能理解考第一的意义，他只是知道考了第一爸爸妈妈会高兴，甚至自己还能得到一些物质奖励。换句话说，孩子没有真正明白为什么要考第一，也没有明白追求卓越的意义，即使他努力考了第一，也不意味着教育的成功。

作为成年人，我们都经历了许多事情，也许会后悔自己小时候没有抓紧时间更努力地学习。这样总结教训是对的。但我们也要明白，我们是在经历了许多事情、变得理性成熟之后，才有意识地总结出了这一点。孩子不懂这一点，因为他们在心理和认知上与成年人有差异。很多道理，人不到一定的年龄是不可能真正懂得的。

面对一个十来岁的孩子，家长与其用大道理压着他做事，让他顺从家长的权威，不如为他营造良好的氛围和环境，同时家长以身作则，自然而然地引导孩子做正确的事。

再来看第三件事，也是很多家长喜欢做的一件事：让孩子牺牲眼下的幸福或快乐，理由是"都是为了你将来好"。卢梭很反对这一点，主要原因有两个。

首先，我们并不能确切地知道孩子未来的幸福在哪里，所谓"为了你将来好"，很多时候只是家长的想象，但孩子却要为了这种想象付出切实的代价。其次，这样做会让孩子生活在恐惧之中，甚至一生都生活在苦难的阴影里。这句话其实在暗示：现在的幸福不如将来的幸福。可一个人如果不把握住现在的幸福，将来的幸福又有什么意义呢？虚无缥缈的"将来的幸福"，变成了当下束缚孩子的枷锁。因为这个借口，很多孩子在哭泣、惩罚和恐吓中度过了自己本应该最欢乐的时光。卢梭认为，大人折磨那些可怜的孩子，本意是为了使他们生活得更好，实际上却在阴沉的环境中夺走了他们快乐的生命。

当然，有人可能会觉得，如果不严格管束孩子，岂不就是在放纵他吗？孩子学坏了怎么办？事情不是这样的。给孩子自由发展的空间和放纵是两回事。至于对孩子严加管束的必要性，前文已经讲过了，这里就不再赘述了。

如今很多家长的主要问题是，一方面对孩子特别严格，像管束大人一样要求孩子做这做那，另一方面又在该约束孩子时选择放纵，纵容孩子的不良行为。比如，一边让孩子上一大堆补习班，学很多超前的内容，一边又在生活上对孩子娇惯得不得了，甚至连穿衣服、系鞋带这种事都不让他们自己干。事实上，只有自己去体验成功和失败，孩子才能获得成长，而不能事事都由大人为他们准备好。

在《爱弥儿》这本书中，卢梭借爱弥儿老师之口讲：

> 我非但不小心谨慎地预防爱弥儿受什么伤，而且，要是他一点伤都不受，不尝一尝痛苦就长大的话，我反而会感到非常苦恼的。忍受痛苦，是他应该学习的头一件事情，也是他最需要知道的事情……我不但不让他待在空气污浊的屋子里，反而每天都把他带到草地上去。在那里，让他跑，让他玩，让他每天跌一百次，这样反而好些：他可以更快地学会自己爬起来。

这段话其实就是在讲，要让孩子自己在经历中成长。

家长可能会觉得，每一次摔跤都很危险，每一次失败代价都很大；但对孩子来说，如果不让他摔跤，不让他经历失败，他就永远都长不大，而且会在不得不面对失败时受到更大的打击。

第四件事是教给孩子很多他一知半解的知识，为什么这件事不能做呢？我经常引用庄子的一句话："吾生也有涯，而知也无涯，以有涯随无涯，殆已！"[1] 卢梭的观点也是这样的。人的

1　陈鼓应译注：《庄子》，中华书局 2016 年版。

生命是有限的，智慧也是有限的，一个人不可能把所有知识都装进大脑，对孩子来说更是如此。前面在介绍柏拉图的教育思想时也提到过，让孩子学一些似是而非、不能理解的知识是很可怕的，这会让他们以后难以接受正确的知识。

有的家长希望孩子掌握各种各样的知识，不管孩子能不能学懂，一定要灌输给他们。这不是把孩子当孩子，而是把孩子当天才。卢梭认为，人只需要掌握那些真正有益于幸福的知识就够了。正如他在书中写的：

> 爱弥儿的知识不多，但他所有的知识都真正是属于他自己的，其中没有一样是一知半解的。

当然，不教给孩子太多他一知半解的知识，并不意味着不让孩子学习。卢梭认为，教育的目的不在于告诉孩子一个真理，而在于教他怎样去发现真理。我们最应该教给孩子的不是各种知识点，而是自己学习、自己认识真理的方法。

*

除了要把孩子当作孩子来对待，卢梭还提到了一些教育的要点。比如，孩子不仅要学习，还要劳动。卢梭讲，劳动是社会人不可豁免的责任。任何一个公民，无论是贫是富，是强是弱，如果不劳动，那就成了一个流氓。所以，教育者必须使孩子懂得劳动的重要性，让他将来能够自食其力。

此外，卢梭还特别提到，要注意对青年期（15~20 岁）孩子的教育，特别是德育教育。卢梭认为，人在这个时期生理上已经成熟了，但心理成熟的程度和生理是不相称的。这时，要特别注意对孩子进行感情和道德的教育。今天很多老师和家长会对青春期孩子的教育感到头疼，因为他们通常很叛逆。孩子认为自己长大了，凡事都喜欢自己做主，但实际上他们还是孩子，很多行为在成年人看来还很幼稚。关于青春期孩子的教育，我会在最后一章具体介绍，这里就不赘述了。

《爱弥儿》这本书中，爱弥儿一直在远离尘嚣的自然环境中成长，特别是在儿童时期，这是因为卢梭觉得孩子生长的环境要单纯一些。但到了青年时期，卢梭就"安排"他回到城市，让他接触社会了。一方面是因为爱弥儿最终要在社会上生活；另一方面，是因为情感和道德的培养是和社会有关的。对于年轻人情感和道德的教育，卢梭提出了 4 个要点：自爱、互爱、同情心和践行道德。他说：

　　社会道德的实践给人们心中带来了爱。正是因为做了好事，人才变成了好人。

　　更进一步，只有如此，人才能成为一个好公民。

　　了解了卢梭的教育思想，再反观现在一些家长甚至是学校的做法，就会发现当下的教育存在很多问题，至少有很多可以优化的地方。比如，有的高中为了提高升学率，把学生搞得惨兮兮的。这样的学生时代是否能让孩子未来过上好的一生还未可知，但很多阴影就在此时埋下了。再比如，孩子其实有三位老师，除了他人，还有孩子自己和大自然，但我们今天的教育只强调老师教、学生学。家长还必须明白一件事，6 岁的孩子不会有 12 岁孩子的悟性，12 岁的孩子不会像 18 岁的那么懂事。**教育要讲究节奏，不能急于求成**。如果我们把卢梭的这个观点再引申一下，就可以理解，20 岁的人要有 20 岁的成熟，30 岁的人要有 30 岁的经验，40 岁的人要有 40 岁的智慧，50 岁的人要有 50 岁的包容。

　　回想自己的经历，在教育孩子这件事上，我不知道我和我的父母最终谁做得更好。不过，无论是我父母对我，还是我对我的孩子，在让孩子自然成长这方面，都是合格的。

　　我小时候中国没有早教班，虽然父母会时不时地教我一些知识，但基本上属于想到什么讲什么。我印象比较深的是两件事。一件是当时病休的父亲经常在山野田间散步，就带着我一路走，一路讲故事，这就是我早期接受的教育。第二件是我对幼儿园的管束觉得非常不舒服，总不想上幼儿园，终于有一天他们答应我可以不去幼儿园，这让我非常高兴。那时爷爷还和我们住在一起，但是他很少出门，于是我就自己在外面玩。很快，我就发现周围有一些和我一样不上幼儿园的孩子，我们就一起玩。在上小学之前，我是在大自然中边玩边长大的。当然，可能有人会问，孩子一个人在家安全吗？当时的大人好像都没有想过这个问题，对孩子都很放心。我6岁的时候，爷爷回老家去了，我就成了脖子上挂钥匙的孩子。

今天的孩子在课堂上受到的正规教育比我当年要好很多，但不可能再像我那样接受自然的教育了。我一直不主张让孩子接受早教，但是会在孩子小的时候带她们到图书馆、博物馆、公园去转转，或者参加各种活动，给她们创造接触世界的机会，而不是把她们关在家里。

20多年前，我读《爱弥儿》时刚刚研究生毕业不久，在清华当班主任带学生。如今，我的大女儿已经大学毕业了，小女儿也该进入大学了。这么多年了，我依然觉得这本书对我的帮助非常大，而且书中的内容对于今天的教育依然适用。

　　如果要总结一下卢梭教育理念的精髓，不妨引用一下美国著名教育家杜威的一句话——"我们现在追求的教育进步，其要点已经被卢梭一语道破。他认为，（教育）不是强迫儿童和青年去接受外在的东西，而是要使人类与生俱来的能力得到增长。"[1]

1　［美］约翰·杜威：《明日之学校》，朱经农译，商务印书馆1993年版。

认知：孩子听不懂道理，
是因为笨吗

　　卢梭的《爱弥儿》中有一个核心的教育思想：不同年龄和成长阶段的孩子，要用不同的方法教授不同的内容。可是，卢梭自己又不带孩子，他是怎么知道不同年龄段孩子的特点的呢？他的话可信吗？

　　关于卢梭是怎么知道不同年龄段孩子的特点的，至今仍然是个谜。但我想，他应该是做了很多观察，并且研究了过去比较成功的教育的特点。不过，到 20 世纪，还真有人认认真真地做了一系列科学实验，证实了卢梭的看法。这个人就是瑞士著名心理学家和儿童教育家皮亚杰。他首次提出了发生认识论（Genetic Epistemology），以此来解释认知能力的发展过程。也正是因为这一成果，他成为迄今为止最具权威的儿童心理学家和教育家之一。

皮亚杰其人

1896 年，皮亚杰出生于瑞士。他原本不是心理学家，而是生物学家，他的博士论文和早期研究都是围绕水生生物和生态学展开的。1919 年，皮亚杰到法国巴黎的一所学校做研究，而这所学校的创办者就是最早进行智力测验的著名心理学家阿尔弗雷德·比奈。[1]

在这所学校，皮亚杰发现，在智力测验中，年幼的孩子总是会答错一些问题，并且这些错误显示出非常相似的模式，而稍大一点的孩子或者成年人则很少会犯这类错误。皮亚杰隐约感觉到，幼儿的认知过程可能与成年人有着实质性的区别。

1921 年，皮亚杰回到瑞士，开始从事幼儿心理学的研究，并最终提出了一整套认知发展阶段的理论。这套理论后来得到了全球教育界的认可，皮亚杰也因此获得了心理学领域的最高荣誉之一——美国心理学会的心理学卓越贡献奖。皮亚杰担任过国际心理科学联合会主席，以及联合国教科文组织下属机构国际教育局局长等职务。

皮亚杰写过许多关于少儿心理学和教育学的著作，包

1　阿尔弗雷德·比奈（Alfred Binet），法国实验心理学家，智力测验的创始人。

括《儿童的语言与思维》（*The Language and Thought of the Child*）、《儿童的判断与推理》（*Judgment and Reasoning in the Child*）、《儿童的世界概念》（*The Child's Conception of the World*）、《儿童的道德判断》（*the Moral Judgement of the Child*）等。如果你想要了解孩子的心理和行为，这些书都值得读一读。

皮亚杰的教育理论

了解了皮亚杰其人，接下来我们来看看他的教育理论。

根据实验研究，皮亚杰把孩子的认知和智力发展分为 4 个阶段，即 2 岁之前、2~7 岁、7~12 岁、12 岁以后（到 18 岁）。不难发现，这个划分方法和卢梭的划分方法，以及今天幼儿园、小学、中学的年龄段划分高度吻合。这当然不是巧合，今天各国学龄前及中小学的教育方式和教育内容，都是经过上百年不断摸索得到的结果。在这种普遍的教育阶段划分方法背后，有着生理学和心理学研究的支持。而这些研究成果，很多就来自皮亚杰。

下面我们来具体看一看不同年龄孩子的特点，以及该如何对他们进行教育。

少儿成长的第一个阶段是 2 岁之前，也就是婴儿阶段。 皮亚杰把这个阶段称为感知运动阶段（Sensorimotor Stage）。在这个阶段，孩子的大脑还没有得到充分发育，很多被我们认为是人类都有的基本能力，他们尚未具备。一个最明显的特征是，这个阶段的孩子还分不清自己和周围的世界。

研究发现，11 个月以下的婴儿会把周围的世界当作自己的一部分。比如，他哭的时候，你把手给他，他拉住你的手，有了安全感就不哭了；你把手放开，他就又哭了。这时他其实不知道你的手不是他身体的一部分，你的手从他的感知中消失了，他就会认为自己失去了什么。同样，他饿了张嘴喝奶，也会觉得奶是他的一部分，就应该在那里，如果喝不到就会哭。

这个阶段的孩子，无法理解物体的存在和消失。世界各地都有一个哄孩子笑的简单游戏，那就是一个人用手把脸捂上，然后突然把手拿开，露出自己的脸，同时说"皮卡布，我看见你了"（Peekaboo, I See You）。这时孩子其实还没有语言能力，听不懂这句话，他会笑是因为他发现你并没有消失。当你用手捂上脸的时候，他看不见你的脸，就会以为你不见了；当你又露出脸的时候，他发现你又出现了，于是就笑了。

到大约 11 个月的时候，婴儿才会逐渐意识到，外部世界和自己是两回事。直到大约 2 岁的时候，婴儿才可以基本完成这个认知发展的过程。2岁以上的孩子，才能明白你不是他，外面的玩具也不是他。

理解了这一阶段孩子的特点，你就应该明白，此时对孩子的教育要以帮助他感知世界为主。如果非要让孩子现在就开始学知识、认字、背诗，不仅非常困难，还会因为占用了孩子的时间和精力，有可能阻碍他心智的发育。

在这一阶段，孩子的主要任务是感知事物，认识周围的世界，比如奶瓶里有奶可以喝，播放音乐的玩具会发出声响，等等。这一阶段，孩子还会注意到物体的不同之处，学会识别熟悉的物体，比如布娃娃是软的，塑料玩具是红色的，等等。在这个阶段，孩子接触到的新事物越多，心智发育就越充分。过去经常有一些所谓"神童"的报道，孩子2岁就开始背唐诗，那其实是在摧残人，而不是在教育人。

少儿发育的第二个阶段是2~7岁，也就是我们常说的学前阶段。皮亚杰把这个阶段称为"前运算阶段"（Preoperational Stage）。不过，我认为"前运算"这个翻译并不十分准确。如果通读皮亚杰的著作，就会发现他讲的其实是包含运算在内的各种操作。因此，我认为更准确的翻译是"前操作阶段"。

皮亚杰指出，在这个阶段，孩子通常还没有理解逻辑的能力，因此不能像成年人那样在思维上理解和运用信息，很难从多种角度看待事物。在成年人看来，就是你和孩子讲一些事情，他好像完全听不懂。

由于存在这个特点，这一阶段的孩子可能会表现出一些在大人看来匪夷所思的行为和想法。比如，孩子能分清 1、2、3 是不同的数量，可情况变得稍微复杂一点，他就很难用逻辑去理解和推理了。比如，你拿出两块一样大的巧克力，一个直接放在左边的盘子中，另一个切成四块放在右边的盘子中，让他挑选，他很可能会选右边的。类似地，如果你把 10 粒水果糖堆放在一起，同时把同样的 10 粒水果糖散落放在另一边，让孩子挑，他会毫不犹豫地挑散落的糖果。

如果你让孩子给其他小朋友分一块蛋糕，他可能会随手就分给其他小朋友了，不会具体区分每一小块蛋糕的大小。如果家长看到他刚好给某个小朋友分了一块很小的蛋糕，可能会觉得孩子小气或贪心，于是教育孩子要懂得分享。其实，孩子很可能并没有那么多想法，只是觉得不管大小都是一块而已。读到这里时，我想起了中国的典故孔融让梨，于是有一个猜想——孔融把大的梨让给哥哥，也许是因为他分不清大小，只是大人牵强附会，给这件事加上了一些道德意义。

皮亚杰还做了一个水杯实验：给两个一样的杯子装满了水，问孩子哪个杯子里的水多。这时，孩子会说一样多。然后，他把其中一杯水倒进另一个细长的杯子里，因为杯子直径小，水面的高度就变高了。这时，再问孩子哪个杯子里的水多，孩子就会说细长杯子里的水多。大人可能会觉得孩子有点笨，但其实只是因为他还没办法把事物和事物联系起来理解。对他来说，第三杯水是新的一杯水，大人凭什么说它和之前那杯一样多呢？

前文讲了，在上一阶段，孩子还分辨不了自我和外部世界的区别。到这一阶段，虽然孩子知道周围世界和自己不是一回事了，但他思考问题还是只能从自己的视角出发，以自我的感知为中心来理解事物。

对此，皮亚杰做过一个经典实验，叫做三山实验。他在实验台中央放了三座可以挡住孩子视线的假山，假山两边放了不同的模型玩具。山左边放了一只兔子和一栋房子，山右边放了牛羊和树木。坐在假山左边的人看不见右边的东西，坐在假山右边的人也看不见左边的东西。

皮亚杰先让孩子坐到左边，问他看到了什么，孩子会说看到了兔子和房子。然后皮亚杰让孩子坐到右边，自己坐到左边，再问孩子看到了什么，他会说看到了牛羊和树木。这时，皮亚杰问孩子："那我现在看到了什么呢？"孩子依然会说是牛羊和树木，因为此时他只能看见牛羊和树木，于是就认为其他人看见的也是这些东西。这就反映了在这一阶段，孩子的思维是以自我为中心的。

此外，孩子在这一阶段的逻辑能力很弱，没有办法把信息综合起来理解。如果你问："中国有两个大岛，一个是台湾岛，另一个是什么呢？"这个年纪的孩子可能没有听说过海南岛，自然答不上来。这时你再问："中国有两个大岛，一个是海南岛，另一个是什么呢？"显然，在前一个问题中，你已经告诉他其中一个是台湾岛了，但孩子依然会困惑，不理解这两个问题是可以联系起来的。再比如，你教会他7+8=15，然后问他8+7等于多少，他很可能也答不上来。

为什么理解孩子的这些特点很重要呢？因为在教育孩子时，家长必须明白一件事，那就是在特定阶段，孩子很可能做不到完全按照家长设想的方式去学习和理解道理。这不是孩子的错，只是因为他的发育还没有完成，认知能力没有达到相应的水平。

对此，家长不应该苛责孩子，也不能说孩子笨，这对孩子不公平，对孩子的智力发育也没有好处。家长应该做的，是有意识地引导孩子，启发他的智力。比如，你可以和他做假山遮挡视线的实验，然后带他转到另一边，告诉他其他人会看到不同的事物，让他更早地从以自我为中心的思维中走出来。再比如，你可以告诉他，比较东西时，不仅有数量的区别，还有体积的区别；同一个东西，不管分成多少份，或者用什么容器装，分量都是一样的。

2~7 岁的孩子还有一个特点，就是凡事喜欢问"为什么"。而且，如果大人给出的答案太复杂，他就理解不了。这时你不要显得不耐烦，要尽可能用孩子容易理解的思路和他讲：从他能理解的内容，逐渐扩展到他还不熟悉的内容，慢慢引导他理解多少、大小、相等、守恒等最基本的概念，并引导他从以自我为中心的思维中走出来，学会用同理心想问题。

*

在这一节的最后，我来谈谈皮亚杰的著作对我的影响。

前面讲过，我小时候其实没有条件接受今天意义上的早教，因此接受的是自然的教育。和我同年龄的绝大部分人，情况也差不多。但是到了下一代，我们的孩子这一代，他们就有条件接受早教了。绝大部分和我同龄的父母，特别是在中国大城市的人，选择了在孩子在很小的时候就开展教育：两三岁的孩子就要学习幼儿园大班的内容；上小学前，恨不能把小学二年级之前的内容全部学完——很多小学老师居然也秉持这种观点。因此，今天的孩子从小就很辛苦。

所幸我当过大学老师，带过学生，一直参与教育管理，同时也读了大量的教育学著作，因此我想清楚了一件事，就是过早对孩子进行不适合他们头脑和身体发育特点的教育，是一件事倍功半、得不偿失的事。我的学生中和周围的同学中，有一些因为接受了早教，上大学时年纪比班上同学小不少。他们虽然很聪明，在学习上跟得上，但是表现并不突出，只是勉强毕业而已。其中的一些人后来事业发展很慢，同班同学用两三年取得的进步，他们得花上四五年，最后早教的那点优势全还了回去。我发现这种现象非常普遍，后来在读了皮亚杰的著作后，对此有了答案。

皮亚杰的研究成果给我的启发是，了解了学龄前（7 岁前）孩子在不同年龄的认知发展水平，在培养他们的时候就容易有针对性了。对于 0~2 岁的孩子，要让他们多接触新事物，更充分地感知世界。对于 2~7 岁儿童的教育，不要急着让他们去学什么复杂的知识或者高深的课程，而是要让他们理解一些最简单的现象背后的原理。

过程：孩子的思维方式是如何形成的

孩子的思维方式通常是在上小学后逐渐形成的。在此之前，他们遇到事情的时候，更多地是向大人询问该怎么办。这主要是因为在 7 岁之前，孩子的智力还不足以让他们理解事物背后的规律。因此，一件事，稍微有变化，他们就不会处理了。这时孩子对大人的依赖性很强，大人也会觉得孩子跟自己非常"亲"。但等到孩子 7 岁之后，情况就开始改变了。孩子有了些小主意，有些家长会发现这时的孩子开始变得和自己不"亲"了。其实这种变化说明他们在成长。接下来，我就结合皮亚杰的研究成果，谈谈青少年的认知发展过程。具体来讲，这个发展过程可以分为 7~12 岁和 12~16 岁两个阶段。

皮亚杰将 7~12 岁划分为智力发育和认知发展的第三个阶段，他称之为具体运算阶段（Concrete Operational Stage），对应小学教育。当然，和上一节一样，这里的运算也是泛指。

皮亚杰研究发现，从 7 岁左右开始，孩子会突然显得聪明很多，开始有能力理解现象背后的简单规律，有了形象思维和具体逻辑思维能力，不过抽象的逻辑思维能力还比较欠缺。比如，在这一阶段，孩子解应用题可能问题不大了，但是，要理解方程式这种更抽象的数学工具还是比较困难。

7~12岁是孩子教育最重要的阶段之一，他们的思维方式在这个阶段开始形成。从这个意义上讲，这个阶段的重要性超过中学时期，更超过大学时期。今天很多人没有上过大学，依然能过好一生，但如果童年时期被毁了，就会一辈子受到影响。今天流行着一种说法，"如果要毁掉一个人，就毁掉他的童年"，这从反面说明了童年教育的重要性。

在7~12岁这个阶段，教育的重点不是简单地让孩子多学文化课，而是培养孩子的归纳推理能力、学习兴趣、基本的学习方法，以及对世界的好奇心。

为什么皮亚杰把这个阶段叫作"具体运算阶段"呢？因为这个阶段的孩子开始具备针对具体事物的逻辑思维能力了，可以理解简单的归纳推理，能够举一反三了。比如，对孩子讲，小猫、小狗有生命，小兔子也有生命，小动物都有生命，他们能够理解。但对于演绎推理和过于抽象的逻辑，孩子还是难以理解。比如，你要跟孩子讲几何学，从几条公理演绎推理出各种定理，孩子就很难理解。

在这一阶段，孩子开始能理解事物和事物之间的联系，能理解基本的规律和方法。比如，他能理解 7+8 和 8+7 的结果一样。你告诉他 7+8=15，再问 15-8 等于多少，他不需要计算就可以答出来。我记得我的孩子上小学时，老师就经常出这样的问题考她们。

对于孩子的这些能力，家长要注意发展和培养。孩子做练习题做对了，要告诉他为什么这样做是对的，同类问题也可以用这个方法解决，不必让孩子陷入题海战争。如果孩子做错了，要告诉他为什么错，忽略了什么，在逻辑上犯了什么错误，而不是简单粗暴地批评他，然后让他再做多少道题。如果孩子想不清楚其中的逻辑，即使做对了也可能是猜的；如果做错了而不知道哪里出错，下回还会犯同样的错误，做多少题都没有用。我们经常会看到一种现象，孩子平时做了大量练习题，也都做对了，但考试时依然在犯所谓的"粗心导致的错误"。其实，这些错误绝不仅仅是粗心导致的，背后还有更深层的原因。

小学甚至中学数学的内容非常少，如果把小学五六年级的内容对应到高中，你会发现，那些信息量和知识量顶多赶高中半学期的。如果学会了这些内容，其实不需要花很多时间做练习题。而所谓学会，就是孩子理解了背后的逻辑性，掌握了相应的方法。一旦掌握了，与此相关的全部习题就都会做了。但如果孩子没有懂，只是会做一道又一道的题，那么，考试时题目稍微变一下，他就会犯很多考虑不周全的错误。在别人看来，他犯错可能是因为粗心，可实际上是没有真正理解学的内容。

我朋友方家元教授通过教学实验证实了我的想法。方教授成立了一家教育公司，帮助各种水平的青少年提高成绩。他们通过对上万名学生的研究发现，很多人花了很多时间还没有学好，是教法不对，学法不对。而教法和学法中最严重的错误，就是没有利用好孩子智力和思维成长的节奏，让他们懂得所学内容中的道理。至于方教授是如何帮助学生提高成绩的，我在第 6 章会详细介绍。

在小学期间，语文教育非常重要，而这是很多中国家长所忽略的。词汇量的积累，主要就是在 7~12 岁这个阶段。这个时期孩子词汇量的增加速度，能反映出最终他能掌握多少词汇。一个人掌握的词汇数量会极大地影响他能够了解的知识的范围，以及他日后言谈、写作中体现出的修养。我们看一些美国电影会发现，贫民窟里的人和律师、医生、学者等专业人士用的词大不相同，即便他们表达的是同一种意思或者情感。这其实就是两类人所接受的语文教育的差异所致。

对语言的掌握，主要来自孩子对世界的观察和了解，而不是死记硬背。比如，小时候孩子以自我为中心，会默认万物都和自己一样有喜怒哀乐。但 7 岁之后，孩子就能理解世界上的东西有生物和非生物之分，小猫、小狗是生物，桌子、椅子不是生物。而且，孩子还能进一步把猫、狗、牛、羊归为一类，把花、草、树、木归为另一类。

但如果要再进一步，知道什么是哺乳动物，鲜花有哪些不同的种类，就不是所有孩子都能做到了。一个孩子在这方面了解的知识越多，他眼中的世界就越大。因此，在这个时期多带孩子去动植物园、博物馆是有好处的。如果没法去，也应该多带孩子读相关的绘本。

如果孩子能够了解更丰富的事物，了解更多的工具、电器、建筑、风景、交通工具，他就会对世界形成更全面的认知。学校会在课堂中介绍一些这类知识，但所覆盖的内容毕竟有限，更多时候需要家长带着孩子见世面，了解上述知识。

除了思维能力和知识的增长，在这一时期，还要注意孩子心理的发展，特别是要帮助孩子走出自我中心化的思维，建立同理心。

上一节讲到，7 岁以前的孩子通常只能从自己的角度理解事情，很难站在对方的角度看问题。除了上一节讲到的三山实验，皮亚杰还做了一个果汁实验：他在一个装橙汁的瓶子中装满白水，问孩子里面是什么饮料，孩子会说是果汁。然后，他让孩子喝一口，孩子发现里面装的其实是白水。这时，皮亚杰又问孩子，下一个小朋友进来，会猜瓶子里装的是什么饮料呢？孩子会猜是白水。

这和三山实验是一个道理。7 岁以下的孩子是从自己的角度出发去想问题的，他意识不到别人看到装果汁的瓶子会猜里面装的是果汁。但是，让 7 岁以上的孩子参与这个实验，他们大多就能设想出别人的反应了。这说明到了这一阶段，孩子开始理解他人的视角了。此时，家长应该注意引导孩子，培养孩子的同理心。比如，孩子抢了小朋友的玩具，家长要启发他思考：如果对方抢了你的东西，你会很难过；同样，你抢了对方的东西，对方也会很难过。所以，你不应该做这种事情。

很多"熊孩子"的诞生，就和这一时期同理心培养的缺失有关。如果家长总是顺着孩子、偏袒孩子，他的同理心就培养不起来，未来会长成一个以自我为中心的人，只知道"我要"，不会顾及别人的感受。这时家长要让他们慢慢学会考虑其他人，特别是其他小朋友的感受。

没有同理心的孩子，越往后问题会越多，问题也会越大。今天我们经常看到一个现象，就是年轻人在遇到恋爱对象要分手时，会威胁对方说"你不和我在一起，我就活不下去了"。这种话当然大部分都是谎言，但能说出这种话，就是因为这些人只想到了自己的感受，只想要对方满足自己，却不体会对方的感受。在一些不是很规范的企业，也会存在老板拖欠员工工资的情况。面对这种情况，老板的理由通常是最近周转困难，但他们从来不去想想员工也要养家糊口，更何况拖欠工资是违法行为。

很多人简单地把缺乏同理心归结于品德不好或者自私，其实本质缺乏感受他人情感和需求的能力，而这通常和7~12岁阶段的教育有关。在这个阶段，如果家长没有培养起孩子的同理心，将来再想培养就比较难了，想让他在长大以后不自私也不太可能。

7~12岁是孩子成熟的重要阶段，成熟的一个体现就是能够理解一些基本的道理，而不仅仅是根据自己的好恶和利益做判断。我们常常会夸奖一个孩子懂事，所谓懂事，其实就是逐渐开始明白事理了，这说明他心理的发育没有落后于年龄的增长，甚至比年龄成熟得更快。比如，有些人在小学时就已经能够理解事物的客观性，也明白时间只有那么多。因此，如果知道明天要考试，今天他们就不会贪玩打游戏，而是会复习功课。还有一些孩子能够懂得钱也是守恒的，如果选择了买玩具，就不能去外面的餐厅吃饭了。通常，到了9岁左右，他们就能懂得家里的钱花在了自己的学习上，父母就不得不放弃购买其他一些东西。能有这样想法的孩子，也是懂事的孩子。

在这一阶段，如果家长不引导孩子，反而娇惯孩子，明明家里不富裕，却还想方设法满足孩子的所有要求，那就会不利于孩子心智的发育。本来可以在这个阶段让孩子懂得道理，却荒废了这个机会。为什么大家会有"穷人家的孩子懂事早"的印象，其实就是因为那些孩子比较早就能懂得，自己想要一些东西，就需要放弃其他一些东西。如果家长不必要地"富养"孩子，就容易把孩子养成纨绔子弟。寒门出孝子还是豪门出贵子并没有一定之规，关键看孩子小时候家长是怎么教育的。

当然，家长也不能对 12 岁以下的小学生抱有太高的期望，他们有时表现得不懂事也是正常的。至少在他们走向社会之前，还有好几年的成长时间。

12 岁之后，青少年就进入了最后一个认知发展阶段，皮亚杰称之为抽象运算阶段（Formal Operational Stage）。这一时期，青少年开始具备抽象思维能力，所以中学课程中开始设置代数、几何等需要抽象思维的课程。

根据我的体会，一个人科学素养的形成，以及寻找事物关系和原因的本领，主要是在这个时期形成的。皮亚杰有一个钟摆实验，可以说明如何训练青少年在这方面的能力。

钟摆来回摆动一次叫一个周期，这个周期的时间长度会与哪些因素有关呢？直观来看，可能与很多因素有关，比如钟摆自身的质量、摆的长度、摆动起始的角度（即摆锤最初所处的高度），等等。那这些因素是不是真的都对钟摆的摆动周期有影响呢？还是说有些因素其实没有影响呢？

如果让一个 12 岁以下的孩子来回答这个问题，他可能就懵了，一点都想不到该怎么寻找答案。但 12 岁以上的孩子掌握了从具体事物中抽象出条件的能力，能够理解控制变量，因而就有能力设计出一些实验去验证这些因素的影响。比如，固定钟摆的质量、长度、形状等，只改变摆动起始的角度，看周期时长会不会发生变化。经过这样一系列实验，他最终就能发现，影响钟摆摆动周期的因素只有钟摆的长度，而没有摆动的起始角度。

从具体现象中抽象出可能的影响因素，设计实验，最终找到现象背后的原因，这些都需要抽象思维能力。12~16 岁正是培养青少年抽象思维能力最好的时期，家长应该重视这个时期，不要把孩子的时间都浪费在刷题上。

此外，青少年时期也是一个人树立价值观和发展道德水平的阶段。在成年之前，孩子做价值判断的能力通常比较薄弱，容易从简单的结果出发判断事件的对错，不问原因。

皮亚杰做过一个著名的"打碎杯子"的道德实验。他召集了一些孩子作为被试，给他们讲了两个故事：

第一个故事是，小男孩约翰听到有人叫他吃饭，他就走到餐厅推开了门，但他不知道门后放着一把椅子，椅子上有一个放着 15 只茶杯的盘子。于是，他一推门就打碎了 15 只杯子。

第二个故事是，有一天，小男孩亨利趁妈妈不在家，想偷吃放在橱柜里的果酱，于是搬了一把椅子，想踩着去偷拿果酱。但是果酱放得太高，亨利使劲去够，结果把橱柜里的 1 只杯子碰到地上摔碎了。

皮亚杰问孩子们：约翰和亨利谁的错误更严重？孩子们会说，约翰的错误更严重，因为他打碎了 15 只杯子。他们不会根据原因而是结果做判断，而这是道德水平发展不成熟的体现。因此，在青少年时期，教育的另一个重要内容就是要帮孩子逐渐树立起正确的价值观和道德意识。

如果孩子从小接受良好的教育，到了 18 岁，他的心智发展基本就应该成熟了。

*

皮亚杰理论的意义在于，青少年成长的过程中，他们所接受的教育应该和心智成熟的阶段性相一致。总的来讲，家长与其总想着让孩子学习超前的知识，不如多花点心思帮助他们在心智上成长。把孩子当孩子看待，一步一步把他们应该发展的认知能力培养好。这比提前学一些所谓的知识点重要得多。

多元：如何开发孩子的智力

明确了教育要遵循一定的节奏，在孩子成长的不同阶段要教授不同内容之后，还有一个问题必须回答，那就是如何教育可以让孩子变聪明？或者说，如何开发孩子的智力？

在回答这个问题之前，我们先来看两个问题。

问题一：假如你有两个孩子，一个孩子数学成绩特别好，每次都能考 95 分以上，不过语文成绩总是上不去；另一个孩子语文成绩特别好，也总能考 95 分以上，但数学怎么也学不好。那么，你觉得哪个孩子更聪明？从生活经验来看，很多人都会说数学成绩好的那个孩子更聪明，因为不聪明可学不来数学。

问题二：假如有两个成年人，一个人学历很高，解决问题一板一眼；另一个人学历不高，但反应特别快，脑子很灵活，记忆力也非常好。那么，你觉得哪个人更聪明？很多人会觉得是后者，因为前者虽然学历高，但可能只是因为他学习用功，而不是天生聪明。

生活中有很多持以上看法的人，但这种看法其实是有问题的。针对第一个问题，那些人是把聪明和数学能力直接挂钩；针对第二个问题，那些人是觉得智力是一种完全先天的因素。实际上，现代教育研究的发现已经不支持这种观点了。很多研究都表明，**人的智力并不是单一的，而是可以分为多个维度。**

多元智能理论

在有关人类智力本质和特点的研究中，最著名的项目是"零点项目"（Project Zero）。这个项目从 1967 年开始，一直持续至今，已经持续了 50 多年。

零点项目的创始人是哈佛大学著名的哲学教授纳尔逊·古德曼（Nelson Goodman），这个项目旨在研究人类的智力、灵感、直觉和情感究竟是怎么回事。最早研究的问题包括：艺术创作是否完全依靠灵感？情感和直觉与人的认知究竟有什么关系？科学思维和艺术思维之间又有什么关系？

这些问题看上去离我们有点遥远，但其实都与教育息息相关。如果搞不清楚智力发展的基本原理，我们在教育中就可能花费大量精力和财力，却因为搞错了方向而收效甚微。

零点项目的研究结果回答了什么问题？该项目的第二任，也是任职时间最长的负责人是霍华德·加德纳（Howard

Gardner），他是哈佛大学教育研究所的教授，从 1972 年开始负责零点项目，直到 2000 年。在这期间，该项目取得了大量研究成果。加德纳也先后出版了十多部研究著作，系统解释了人的智力是由什么构成的，又是如何发展出来的。在加德纳出版的作品中，最有影响力的是他在 1983 年出版的《智能的结构》（*Frames of Mind: The Theory of Multiple Intelligences*）。当然，这本书的中文译名可能不是很准确，我认为翻译成《智力的框架》更合适。

在这本书中，加德纳提出了著名的多元智能理论。根据加德纳的理论，智力包含多个维度，主要有 7 个：语言智能、数学 - 逻辑智能、音乐智能、空间想象智能、运动智能、人际交往智能和自我认知智能。很多人理解的智力，通常只是数学 - 逻辑智能，最多再加上语言智能，这其实是比较片面的。

更深入一步讲，这 7 个维度的智力背后其实是 3 种更加基本的智力，那就是语言智能、抽象思维智能和形象思维智能。也就是说，这 7 个维度，乃至更多维度的智力表现，归根结底都是这 3 种基本智力的组合。这就像世界上有上百万种颜色，但都可以拆解为红绿蓝三原色的各种组合。

如果一个人在 3 种基本智能上存在重大缺陷，那就如同一个色盲患者，因为对三原色中的一种颜色不敏感，结果导致无法辨认很多颜色的组合。而加德纳提出"多元智能"概念，就是要告诉我们，**智力高不像我们想的那样只体现在脑子反应快、会做数学题、逻辑能力强，智力其实是多元的、全方位的。**

了解了加德纳的研究成果，我们再来看看本节开头的第一个问题：语文成绩好和数学成绩好的孩子，究竟谁更聪明？其实很难作出简单的判断，因为语言智能和抽象思维智能都是最基本的智力。

*

加德纳的研究成果回答了古德曼教授最初提出的很多问题，比如科学和艺术有没有关系。答案是有，这就如同粉红色和橙黄色看上去很不一样，但它们都是三原色的组合，只是不同颜色所占的比例不同而已。

回顾一下我们的小学，你会发现，从多元智能理论的角度来看，小学课程的设置是非常合理的：小学课程主要是语文、数学和艺术（包括美术和音乐），而它们分别对应语言智能、抽象思维智能和形象思维智能这三种基本智力。全世界几乎所有国家的基础教育都是这么设置的。

不过，这种设置其实早在零点项目的研究结果出来之前就已经形成了。比如，早在民国时代，中国小学课程的设置就大致如此。我很好奇这种课程设置究竟是如何形成的，于是专门做了些研究，发现在民国时期，中国小学生课程的设置参考了日本的做法，而日本是参考了欧美的做法，那欧美的做法又是如何形成的呢？

这就要追溯欧洲的历史了。其实在很长一段时间里，欧洲的基础教育和中国古代一样，缺乏对抽象思维和形象思维的训练。不过，欧洲中世纪的神学院和教会会对学生和教士进行专门的逻辑训练。

中世纪之前，在基础教育阶段，欧洲人普遍会接受以数学教育为核心的抽象思维训练，还有以艺术教育为核心的形象思维训练。而这种设置的来源，就要追溯到古希腊时代了。众所周知，古希腊时代是近代之前欧洲文化最繁荣的时期。古希腊之后的古罗马时代，就忽略了对数学和艺术的教育。因此，罗马虽然重视工程教育并且取得了很高的工程成就，但是其科学和艺术水平对比古希腊时代并没有大的发展。当然，罗马人很重视修辞学，也讲究逻辑，这在一定程度上弥补了抽象思维教育的不足。但是总的来讲，罗马人的思辨能力不如更早的希腊人。至于中世纪时，教育并不普及，民众的基础教育就无从谈起了。

欧洲人再次普遍从小接受数学、语言和艺术的教育，是在18世纪末19世纪初，也就是启蒙运动之后了。此后，随着社会的发展，欧洲这种教育模式逐渐在全世界产生影响。明治维新后的日本全面学习西方，参照西方的教育内容制定了自己的小学教育大纲，除了体育和道德教育课之外，日本小学生开始接受的就是语文、数学和艺术（包括音乐和绘画）几门课的训练，到了小学高年级，开始学习生活课，也就是我们的自然常识课。可以讲，今天绝大部分国家的少儿教育课，都是围绕开发他们的语言能力、抽象思维能力和形象思维能力设置的。

理解了加德纳的多元智能理论，在教育青少年、培养他们的智力时，我们就要在时间维度上把握节奏，在空间维度上全面发展。当然，这里的时间维度和空间维度是我为了方便说明而自己总结的，不是加德纳的原话。

在时间维度上，不同时期要学不同的内容，不同时期教育的侧重点不一样。

在一个人最年幼的时候，要着重对他进行语言能力、抽象思维和形象思维的基础训练。打个比方，这就像在婴儿眼睛的发育阶段，要确保他视网膜上感知三种颜色的细胞都发育完全。

到了青少年时期，就可以根据孩子的兴趣爱好，参考加德纳说的7个主要维度的智力，调配适合孩子的智力组合。比如，有人在青少年时期表现出了对符号系统的理解能力和敏感性，那么未来就可以往数学、自然科学或者金融财会的方向发展；有人在青少年时期着重发展自己在写作、表达和人际交流方面的能力，那么未来就可以向文学、法律或管理等方向发展。

到了青年阶段，一个人才需要有比较特定的专业，不要在此之前过早限定发展方向。

在这个过程中，人的智力是不断增长的，而不是一成不变的。换句话说，**智力并不是纯先天的要素，它是可以后天培养的，并且往往和受教育多少有关系**。通常受教育的时间越长，学历越高，智力水平就会发展得越高。这其实就回答了本节开篇的第二个问题：学历高但一板一眼的人和学历低但灵活多变的人，谁更聪明？

不过，需要提醒家长一点，教育很重要，但不要对孩子揠苗助长，只有在相应的时间进行相应的教育才是最合适的。

在空间维度上，要理解三种基本智力的组合能够形成各种各样的多元智力，往哪个方向发展是自己的事，发展方向数不胜数，每个人都没有必要去模仿他人。

加德纳主张"以自我为中心"的教育，这其实有点类似于我们讲的因材施教。两者的区别在于，因材施教是从老师的角度讲的，而以自我为中心的教育是从个人的角度讲的，其核心思想是个体在建立了基本的多元智力后，要自己决定往哪个方向发展。

一个人即使在某种基本智力上弱于他人，但只要几种智力组合得好，也能在某个特定领域显示出超乎常人的能力。这就如同调色板上三原色中某一种颜色的颜料比较少，但只要调配得好，仍然能画出各种亮丽的色彩。但如果一个人的调色板上只有一种颜色的颜料，那就比较麻烦了。

当然，有人可能还想问：选择了一个发展方向后，怎么才能知道这个方向对不对呢？加德纳认为，这是评估系统的问题。考试是一种评估方法，还有一种评估方法是寻求专家的反馈。这里需要说明的是，专家不仅是指相应领域的专业人士，还包括社会。比如你写了一本书，卖得很好，这就是社会这个专家给你的反馈。你写了很多本书，却没有一家出版社愿意出版，这也是社会给你的反馈。

在"以自我为中心"的教育的基础上，结合多重反馈，一个人基本就能判断自己选择的方向是否合适了。

延伸阅读

［美］霍华德·加德纳：《智能的结构》

发展：终身教育有何必要性

讲到教育的节奏，我们不仅要关注学校教育，还要重视孩子走出学校后的教育，毕竟人生大部分时间都不在学校里。2015 年，在写作《大学之路》时，我就特别强调了终身教育的重要性。那时国内强调终身教育的人还不多，以至于我还需要花很多笔墨来介绍它的重要性。可如今，短短几年过去，"终身教育"这个词已经广为人知了。这主要得感谢 MOOC（大型开放式网络课程）和音频课，感谢麻省理工学院、清华大学等高校把各种课程搬到网上，感谢得到 App 这种平台开设了成百上千门面向大众普及知识的课程，也得感谢很多宣传终身教育的自媒体。这些年，在职人员参加各种继续教育的活动多了，终身教育也越来越被认可了。

不过，讲到终身教育，就必须要说说法国当代教育家保罗·朗格朗。虽然历史上有很多教育家和学者都谈到了要终身学习，但把终身教育理论化的人是朗格朗。

1970 年是"国际教育年"，在这一年，朗格朗的《终身教育引论》作为国际教育年的专著出版了，书中收录了朗格朗的一系列论文。在这些论文中，他针对 20 世纪工业时代大众受教育的特点，提出了"终身教育"这个概念，并阐述了终身教育的必要性，以及我们该如何做好终身教育这件事。

终身教育在个人层面的必要性

那么，对现代人来讲，为什么终身教育十分有必要呢？

第一，也是最直接的原因，现代世界的发展速率远超以往，知识和信息更新迭代的速度也是空前的。因此，如果一个人认为自己在年轻时接受的教育就足够应用一生，显然是很不现实的。身处当代，我们接受教育的步伐至少不能比时代进步的速度慢。不过现实的情况是，绝大部分人接受新知的速度慢于时代的步伐，因此很多人到了四五十岁，就觉得跟不上社会进步的速度了，这也是事实。而要解决这个问题，就需要终身教育。

第二，也是往往为人所忽略的一个原因，就是人口的增长和人均寿命的延长。前文分析过内卷这种现象，它产生的原因之一就是人口的增长。50 年前，朗格朗思考终身教育问题时，世界上只有发达国家的人均寿命达到了 70 岁，而今天全世界相当一部分国家的人均寿命都已经达到了 70 岁。

人口增长必然会导致竞争的激烈化，也正是在这种压力下，新产业诞生的速度越来越快，人们也就需要更多地考虑切换职业方向的问题。如果一个人死守着自己最初的职业不放手，就不得不面临两种风险：一是职业本身被新产业代替的风险；二是竞争越来越激烈的风险，因为一个产业存在的时间越长，进入的人就会越多。而如果一个人需要适时更换职业方向，当然就意味着要学习新的知识和信息，甚至是更新自己已经形成的知识框架，也就是要进行终身教育。

第三，科技的迅速发展也逼着我们不得不学习，这不仅是出于工作和职业方面的考虑，也是生活对我们的要求。从职业发展的角度来讲，我在《智能时代》一书中也讲到，未来受益于智能革命的人可能只有最上层的 2%，这其实就反映了技术进步带来的冲击。从生活的角度来说，就像近 20 年年纪大的人必须学习用智能手机一样，可以预见，未来类似的情况会越来越常见。

第四，也是被很多人忽视了的原因，那就是全球化与逆全球化的挑战。在第二次世界大战刚刚结束的时候，独立国家的数量只有今天的 1/3 左右；到 1970 年，也就是朗格朗提出终身教育理论的时候，独立国家的数量也只有今天的 2/3。可随着现代世界政治格局的转变，以及全球化与逆全球化的震荡，我们这一代人和下一代人要面临的世界格局与 50 年前、30 年前，甚至 10 年前都大不一样了。几乎每个人在生活和工作中都可能会遇到非常复杂的情况，需要应对涉及自身利益的各种事情。小到在互联网上遭遇碰瓷，大到企业去海外投资上市，种种复杂情况都需要我们学着去处理，而这些知识学校是不会教的，我们必须在社会生活中重新学习。

第五，现代生活方式的变化也让终身学习成为一项重要的活动。一方面，今天的人们有更多闲暇时间，有条件获取更多信息，如果把这个优势浪费掉，对自己也是不负责任的。我们要利用这些优势来让自己更好地发展，这也是身为现代人所肩负的一个特殊使命。另一方面，我们的身体也发生了改变。人的寿命在延长，在同样的年龄，现代人的状态无疑要比过去的人好得多。可同时，因为体力活动的整体减少，现代人的很多身体机能又在衰退。在优渥的条件面前，有人选择过一种被动、懒惰的生活，有人则在思考如何让自己的生活更充实、更有意义。

终身教育在社会层面的必要性

可见，在现代社会，我们始终要面对的一个课题就是生活本身，这正是当代人的一门必修课。不仅如此，我们要终身学习的内容，其实远比想象得多。很多人讲终身学习，只是停留在掌握一些新技能上，这其实是远远不够的。我们需要站在现代社会整体要求的高度来理解终身教育，重视终身教育。

第一，随着技术的进步，工作岗位其实有一种相对减少的趋势。因为在机器和技术的帮助下，一个人可以做过去几个人、几十个人，甚至上百个人的工作。人们换工作越来越频繁，与此同时，人们整体上间歇性"失业"的时间却增长了。当然，也有些人是主动选择进入下一份工作前休息一段时间。比如，现在很多人都会偶尔来一个"间隔年"（gap year），利用一整段时间体验与以前不同的生活，以期获得能力和见识上的成长。

在这种情况下，学习就是人们可以积极参与社会活动的重要方式。同样是不工作，一个天天宅在家里玩游戏的人，和一个主动学习、听课充电的人相比，一年后适应社会的能力肯定会有天壤之别。你可能也看到过，很多家庭主妇在孩子长大后又回归工作，这些人有一个共同的特点，就是她们其实不曾真正离开过社会，而是一直在参与社会活动。

第二，今天的社会结构越来越复杂，每个人都需要去创造自己在社会中的发展空间，不能依靠其他人或者组织来安排。今天每个人基本都是自由挑选职业，自己管理人生，但很多人都做不好这件事，不知道自己应该做什么，甚至即使找到了自己喜欢做的事，也未必能做好。这其实是一个社会层面的问题。而要应对这个问题，一个整体的解决方式就是在全社会建立起终身教育的氛围和相应的支持机制。

第三，几乎每一个现代国家都在往公民社会的方向迈进，而想要让社会中的每一个个人做好公民，也需要社会层面做好终身教育和终身学习的引导。否则，社会的发展就会遇到阻力。

如何进行终身教育

既然终身教育如此重要，我们应该如何进行终身教育呢？对此，朗格朗从新方法、新工具两个维度给出了不少建议。我总结出了四点我认为最有用的。

第一，不要指望长辈或者专门的老师来教你。前面讲到了，今天绝大部分人进步的速度其实是赶不上时代的变化的，长辈在这方面的劣势只会更大，而老师不会跟着你一辈子。

终身教育必须以自我为动力，围绕功能进行。在接受学校教育时，我们的学习有专人管理，有设置好的学习内容，还有一整套固定的评估方式。但到了要自己终身学习的时候，这些辅助都没有了。我们必须以自我为驱动，自己设定学习内容，自己找到评估学习结果的方法。而在这种情况下，我们应该优先学习马上就要用到的内容，不断在实践中验证自己的学习效果。只有这样，学习才不会成为一纸空谈。

第二，要善于利用小组学习。有些人能够自己一个人长期学习，而且效果很好，但大部分人是做不到的。更好的做法是，通过各种途径找到一起学习的同伴，这样大家不仅能相互鼓励，还能相互交流、解惑。需要特别提醒的是，同一部门、同一业务的同事共同解决一个业务问题，其实也是一种小组学习，要充分把握这类机会。

第三，推荐以边做边学的方式学习。科研就是一种标志性的终身学习，科学家在开拓知识边界时，就是一边学习一边工作，围绕自己的科研目标展开学习。医生和很多技术职业也是如此。我们可以从这类人身上学到很多终身学习的方法。其实，遇到难题，通过学习和研究解决难题，是比学校里的学习更有效率的方式。

第四，学习时要兼顾广度和深度。在学校教育中，基本上越往后学内容越深，广度却不断收窄，这就导致很多人的知识结构不平衡。而终身教育侧重于弥补这一不足，拓展学习的广度，维持知识结构的平衡。

今天，无论是对社会来讲，还是对每一个人来讲，终身教育都是很有必要的。从社会意义来说，它可以为社会创造财富，使人类随着技术的进步和商业的变化不断创造出更高的文明。从个人意义来说，它可以让我们一直站在世界潮流的前列，获得足够的物质回报、社会认可和个人成就感。**终身学习不仅是一种态度，也是现代社会每个人都需要掌握的一种能力。**

延伸阅读

［法］保罗·朗格朗：《终身教育引论》

吴军：《智能时代》

结语

　　教育是一件要持续一辈子的事情，因此需要掌握一定的节奏。一开始跑得太快的人，通常跑不远。对青少年来讲，最重要的是确保教育的内容和方法与他们心智成熟的速度相一致。在对青少年进行教育的过程中，德育和对同理心的培养至关重要。对成年人来讲，最重要的是坚持终身教育。最终，教育成功与否，取决于受教育的总量，而非学生时期受教育的强度。

5

教育的道路

我在第一章就指出了教育的目的，即让人明理，这既包括懂一些道理，也包括学会如何判断是非。前哈佛校长德鲁·吉尔平·福斯特曾经在开学典礼上说，"教育，就是确保孩子能够辨别谁在胡说八道"。这句话非常形象地说明了教育的目的。不过，就算所有人对教育的目的抱持相同的想法，但每个人走的路也会有很大差别，因此，每个阶段应该给自己设定不同的、切合实际的目标。

道路和目标的选择跟每个人的处境、志向和天赋密切相关。有的人的目标是为人类贡献新的知识，有的人的目标是发大财，还有的人的目标是进入政坛，它们没有高下之分，都值得鼓励。但同样是想从政，有的人可能做技术官员，有的人则成为立法者。有的人可能会尽可能多在学校学习几年，有的人则可能不得不早早地工作赚钱，然后通过终身学习的方式获得与前者同样的学历。

同样，在不同的社会发展阶段，教育的目标也会有所不同。当老百姓都还不识字时，教育的主要目标是扫盲。而当国家进入发展初期，教育的目标就成了快速培养专业人士。今天，包括中国在内的中等以上发达国家，已经过了上述阶段，教育的一个重要目标又会变成让社会更公平，避免两极分化。

资源：如何理解教育不公平

2021 年，网络上出现了一个短视频，题目叫《我在北大附中上学的一天》。视频里的高中生一天只上三门课，有丰富多彩的课余活动，下午五点半就放学，放学之后也没有作业。这个视频一发出来就引起了网络热议，很多人都说它体现了教育的不公平。

实事求是地讲，全世界所有地方都存在教育资源的不平等。此外，教育本身具有筛选功能，这也决定了教育不可能实现绝对公平。人也会在这个差别和筛选的过程中找到自己的专长，发展个人的才能。

教育的不公平，其实是人类发展的自然结果。在一个自由的社会，只要不同学校存在自由发展的空间，就会有好有坏。因此，不论总体教育资源多么丰富，教育的不公平性都不可能消除。以美国为例，教育资源不可谓不丰富，好学校也很多。虽然美国的教育看似更开放，机会更多，但顶级大学也就那么几所，在美国上顶级大学绝不比国内进清华、北大容易，甚至可能更难。前文介绍过，在美国好的高中里，课程要比国内高中难很多。而对于想进入美国名校的高中生来讲，最难的还不是课程，而是要参加很多有特色的课外活动，还要做出水平。

为什么美国有那么多名校，依然做不到教育公平呢？因为美国一年有300多万申请大学的学生，还有来自世界各地数量众多的留学生，优质的教育资源依然十分有限。为了能进好大学，美国高中生的成绩一年比一年高，参加的课外活动也一年比一年多。过去能考上哈佛的成绩，今天可能连排名前25的大学都进不去。过去，高中生如果提前修四五门大学的课程，可能就算天才学生了；可今天，如果没有其他特长或特殊因素，即使学10门大学先修课，也未必能进入排名前20的大学。哪怕是想通过体育运动这个特殊通道挤进去，学生也需要达到半专业的水平。比如，斯坦福大学招收的一些学生直接就是世界各国奥运代表队的成员。

这就导致在学业上同等优秀的学生，有的上了排名前10的私立名校，有的只能上州立大学，还有的连好的州立大学都挤不进去。这显然不能说公平。

如何看待教育的不公平

虽然美国不是每个人都能上名校，但美国社会对教育公平的抱怨总体上比中国少很多。这倒不是因为美国人比中国人更能忍受教育的不公，而是另有原因——这些原因在教育之外。一方面要理性地看待上好学校对人生的意义；另一方面，在社会的层面，需要防止教育不公所引发的一连串其他方面的不公平。对此，美国社会学家和民权活动家杜波依斯[1]有深刻的认识。

杜波依斯是哈佛大学第一位黑人博士。在其第一本自传《黑水：面纱里的声音》[2]中，他回答了有关教育目的和社会公平的问题。杜波依斯指出了很多人对教育的误解，或者说对自己人生的错误期望，主要有三个：

第一，认为人的幸福感源于能拥有他人没有的东西。

这其实是今天非常流行的一种误解，很多人真的把自己的幸福建立在与他人的比较之上。比如，有人认为，我的学历比你高，我就比你幸福；我买得起几万块钱的包，你只买得起几

1　全名为威廉·爱德华·伯格哈特·杜波依斯（William Edward Buryhardt Du Bois），美国全国有色人种促进会的最初创建者之一。
2　英文书名为 *Darkwater: Voices From Within the Veil*，现暂无中文简体字版。

千块钱的，我就比你幸福。本节开头提到的那个短视频下面就有很多类似的吐槽，比如："我以为自己进入了更高的阶层，结果却发现别人过得依然比我好""我还在辛苦还贷款，别人已经买了第二套房；我喝上了星巴克，别人喝上了昂贵的洋酒；我带着小孩去迪士尼乐园玩，别人在迪士尼乐园旁边买下了别墅"……

这种吐槽看似扎心，其实是陷入了杜波依斯所说的误区，认为只有拥有别人没有的东西才能幸福；如果自己拥有的东西比不上别人的，自己就不会幸福。更不幸的是，很多人拿来比较的东西，只不过是学历、房子和奢侈品而已。

第二，觉得教育要让每个人都享受同样的、最大程度的自由。

这可以说是一种妄念，因为不可能每个人都享受最大程度的自由。如果一个人想要获得不受约束的无限自由，就必然有人会受到奴役。因此，这种想法是不可能实现的。

每个人获得自由的前提，是要先约束自己。今天有些人经常说要反对特权，其实他们反对的只是自己没有特权，而不是反对特权制度本身。如果人人想的都是自己要获得特权，社会就会变成一个丛林世界，人们也就更难获得自由。

第三个误解是，觉得既然教育制度有不合理的地方，就应该把这个制度推翻掉。

这是一种典型的偏激的想法，但在网络上特别的常见。在美国有人觉得大学招生制度不合理，鼓吹干脆抽签算了。在中国很多人抨击高考制度，呼吁取消高考。但好笑的是，喜欢这样嚷嚷的人一般也只是敲敲键盘，借此宣泄自己的情绪罢了。事实上，世界上没有绝对合理的教育制度，我们能做的只能是在现有体制上修修补补。当然，当我们修好一个漏洞时，可能又会发现新的不合理之处。

*

那么，我们究竟应该怎样理性面对教育领域的不平等呢？下面是杜波依斯的回答。

首先，所有人都要明白，教育的平等来自整个社会的平等，特别是社会分工的平等。

社会总是会有分工，会有人从事科技产业、金融服务，也会有人在餐厅做服务员、厨师；同样是在写字楼上班，会有人从事白领工作，也会有人从事清洁工作。如果没有分工，社会就无法运转。更重要的是，每个人都应该理解，不同的分工不意味着人有高低贵贱之分，每个职业的人都对维持社会运行和发展作出贡献，都是平等的。

社会上会有学霸、天才，但更多的是普通人。有些人也许考不上好的大学，甚至根本上不了大学，但无论什么学历、从事什么工作，都应该受到尊重。而如果每个人都能在社会上获得公平的待遇和尊重，上好大学就不是一件"非如此不可"的事情了。换句话说，只有社会变得公平，每个人都有尊严，教育不平等的问题才有可能真正得到解决。

其次，我们要回到最根本的教育理念上：孩子必须接受教育，知道世界是什么样的，世界上存在什么，以及世界是如何运作的。

我们不能脱离实际，只教孩子书本上的知识，也不能将自己与人类的思想相分离。换句话说，我们应该搞明白，学生究竟要在学校学什么。其实就三点：一是学会理解世界，包括在知识和逻辑上理解世界；二是学会运用知识，而不是单纯学习纸面上的知识；三是搭建起自己和人类思想之间的桥梁，而不是离开学校就不再学习了。

回到开篇提到的那个短视频，有人看了之后抱怨，说自己学校什么时候才能有那样的教育啊！其实，如果能从教育中得到以上三点收获，就不必在乎学校的条件了，更没有必要跟其他学校做比较。而这三点，其实绝大部分学校都能做到。

最后，我们必须谨记，一切教育的对象都是孩子本身，而非教育的成绩。杜波依斯讲，教育不等于它要成就的东西。

这是什么意思呢？孩子学击剑、打高尔夫球、排练话剧，这些事情做成了，会有学校击剑队的成绩、高尔夫球队的成绩和表演的成绩。但如果认为这些成绩就是教育本身，那就大错特错了。类似地，一所大学培养出很多博士，博士的数量是教育的成绩。但是，如果让博士从事一些初中生就能完成的工作，那么，培养出再多博士也不是教育的成就，而是教育的失败。

明确了这三点，我们就知道，应该把关注点放在"如何教育好人"这件事上，而不是去比拼学校的好坏或学位的高低。

社会公平才能教育公平

其实，每个人都有机会接受真正好的教育，无论是教育者还是受教育的人，都应该超越学校、成绩、学位这些表面的东西，回到人对社会的意义上来。否则，拿了一个名校博士学位，然后为了所谓的稳定去做一些毫无挑战性的简单工作，这样的教育又有什么意义呢？每个人都需要思考：自己努力获得了难得的教育资源，对自己一生的成长究竟要产生怎样的作用？

如果社会能够平等地对待从事各种工作的人，那么，各种学历的人就获得了相对平等的机会。这时，人们才会认可"适合自己的教育就是好的教育"，而不是认定只有名校的教育才是好的教育。这时，即便教育资源分配不平等，学校有水平高下之差，大家也不会太抱怨教育的不公平性，而是能按照自己的节奏，一同进步。

作为国家和社会，应该把教育的目标放在让社会更公平上。与其费尽心思让所有学校的条件都变得一模一样，不如先创造更公平的就业环境，对各行业给予充分的尊重。作为老师、家长和个人，与其抱怨教育的不公，不如从自己做起，平等对待每一个行业的从业者。只有我们平等地对待他人，他人才会平等地对待我们。

2000 多年前，中国的儒家学者在《大学》一书中这样说明教育的目的：

> 大学之道，在明明德，在亲民，在止于至善。知止而后有定，定而后能静，静而后能安，安而后能虑，虑而后能得。物有本末，事有终始。知所先后，则近道矣。[1]

---

1 陈晓芬、徐儒宗译注：《论语·大学·中庸》，中华书局 2022 年版。

意思是说，**教育的宗旨在于让人懂得好的品德，把好的品德用于生活中，使人达到至善的境界**。给自己定了至善的目标，才能够志向坚定；志向坚定，才能够静下心来；静下心来，才能够随遇而安；随遇而安，才能够深谋远虑；深谋远虑，才能够有所成就。万物都有本末之分别，凡事都有开始和结束。明白了本末始终的道理，就接近事物发展的规律了。

如果一个社会能实现《大学》描述的这种教育目标，教育不平等和教育内卷化的问题就会得到根本性的解决。对比杜波依斯的想法和《大学》的思想，我们不难发现它们之间存在相似性，因为教育之道本就如此，有识之士在这方面很容易达成共识。

当然，可能有人会问：这种想法是不是太理想化了？我想说的是，一个国家和社会能否完全做到社会和教育的公平性是一回事，是否在往这个方向努力是另一回事，不能因为前者尚未做到，就不践行后者。只有开始行动，目标才有可能达成。事实上，杜波依斯也在不断地告诉大家，这个世界并不完美，但它正在进步。与此同时，随着社会的全面发展，那些单调乏味的苦差事会越来越少，人们也就能更多地去做那些发挥聪明才智的工作。我们需要明确，工作是为了让人受益，人不能为了工作而牺牲。这才是社会发展的真意和该确立的教育的目标。

趋势：职业教育和普通高等教育该如何选择

2020 年，国内的家长都在关心一个和自己孩子前途相关的教育政策，就是国家希望有更多的年轻人接受职业教育，而不是普通大学教育。由于我之前就讲过，中国缺少的不是普通大学生，而是高水平的技术工人，因此一个朋友专门给我留言，询问我对这一政策的看法。这个朋友说，将来可能很多学生在初中毕业之后就要进入职业学校，但现在中国的职业学校教育水平不高，家长和学生肯定不会自愿选择职高，因此大家有一种普遍的焦虑感。他问我该怎么办，以及中国未来职业教育的发展前景如何。

在考虑这个问题之前，我们要先搞清楚两件事：首先是劳动力和就业人口的真实情况，其次是自己的具体情况和接受教育的目标。只有搞清楚这两件事，谈论这个问题才有意义。

各国劳动力的情况

以美国为例，根据 2020 年和 2021 年美国劳工部公布的数据，在扣除农业人口之后，美国劳动力的分布情况大致是这样的：

· 除制造业以外的工业和低端服务业从业人口，占总劳动人口的 1/4 略少（24.2%）；

· 包括资源开采、手工业在内的制造业以及运输业从业者，占总劳动人口的 1/5 略多（20.3%）；

· 销售和办公室文职，占总劳动人口的 1/4 略少（24.2%）；

· 技术行业、专业服务和管理职业，占到总劳动人口的四成略少（37.3%）。

这样加起来的数据略微超过 100%，因为有些统计是重复的，比如管理岗位和几乎所有职业都有重复性。

一般人眼中相对高端的职业，基本就是"技术行业、专业服务"，包括教师、医生、律师等，再加上管理岗，可能还可以算上部分办公室文职。所有这些从业者，其实只占总劳动人口的一半左右。虽然没有规定禁止大学毕业生去生产线工作，或者做低端服务业等，但只要理性思考一下就会知道，大学毕业生去当服务员或者当出租司机显然是不必要的。

在发达资本主义国家中，美国的服务业，特别是金融、科技等高端服务业的从业人口占比高，能够提供比较多的所谓"高大上"的岗位，但也就只占一半左右。其他国家，比如德国、日本等，高端服务业从业者的占比还不如美国。

因此，即便中国的经济水平和产业结构发展到发达国家这个阶段，也不需要所有人都去读大学。有人可能会觉得，年轻人都上过大学，不是代表全社会的劳动力素质更高吗？即使去送外卖，也会服务得更好啊！这种情况其实不可能成立。因为几乎每一个读大学的人，都希望自己将来能有一份所谓的"大学生应该干的工作"，而不是去送外卖。在择业心态上，大学毕业生及其家长会拒绝从事很多收入还不错的工作。这就会导致一种尴尬的局面——一方面，很多岗位招不到人；另一方面，很多人又找不到工作。

那么，高学历的人能否在就业时"低就"呢？比如，去工厂做技术工人，或者是送外卖。事实上，高学历的人还真未必能做好这些工作。这些工作干得好不好，并不取决于学历，而在于有没有接受过正规的职业培训。即便是一些文职工作，高学历的人也未必比高中生做得好。20 世纪初，谷歌刚进入中国，招聘秘书时就发现，那些名校硕士在订机票、处理文件、安排会议等方面，还不如一个好的职高毕业生。

退一步讲，就算大学毕业生愿意"低就"，也能认认真真地把那些靠技能吃饭的工作做好，对社会和个人来说也是巨大的浪费。任何国家的教育资源都是有限的，与其办一堆低质量的普通高校，不如把同样的资源和精力用来把基础教育搞好。对很多家庭来讲，大学4年的费用也是一个不小的负担，再让学生搭上4年宝贵的时间，拿一个对自己的发展没用的文凭，真未必是个明智的选择。

在美国，很多高中毕业生不上大学，不是因为没有大学录取他们，而是因为他们不愿意在挣钱之前就背上十几万美元的学生贷款，然后再花十几年还贷款。因此，出于现实的考虑，他们觉得还不如直接工作。当然，也有不少人后来有了钱，又觉得需要深造，于是再次回到学校读书。

今天，中国年轻一代，也就是25~34岁的就业人口中，包括大专学历在内的大学生占比已经到27%了，而德国是28%，美国是46%。如果考虑到中国有大约40%农业人口，德国和美国的农业人口可以忽略不计，那么，中国年轻一代就业人口中大学生的占比远远高于德国，和美国的水平相当。今天，中国的人均GDP只有德国的1/4、美国的1/6，即使将来达到美国的水

平，所需大学毕业生的劳动力占比也不会比现在高多少。将来
要想获得稳定的经济收入，大部分年轻人都必须具有一定的技
能。否则，只有一个不能当饭吃的文凭，是无法立足于社会的。

两个选择

看清了这个现实，站在国家的层面，制定政策时无非有两
个选择。第一种选择是像目前这样，通过高考一次完成筛选和
分流，这也是美国和日本的做法。由于只有一次淘汰，淘汰率
自然比较高，这也是孩子们高考压力大的原因。这种选择的好
处是，几乎所有人都能接受 12 年的基础通识教育，但缺点也很
明显。对国家来说，浪费了不少教育资源，而且耽误了年轻人
应该接受的技术培训；对个人来说，学生压力大且主要集中在
高中 3 年，如果考不上好大学，还浪费了 3 年宝贵的时间。目
前在美国和日本，教育法规定了 12 年的义务教育，因此职业学
校只招收高中毕业生。那些没有考上大学的高中生如果想从事
稍微高端一点的技术工作，比如在美容店给人保养皮肤或做指
甲，或者从事电工等技术工作，还需要在工厂或者社会开办的
技术学校接受培训。

第二种选择是德国的做法，学生从初中毕业就开始分流，

一部分学生进入各种职业学校学习专业技能，一部分学生进入高中。这样不仅能大量节省教育资源，还能提高职业教育水平。德国的职业教育是包含在义务教育范畴之内的，也是国家出钱，这一点和中国有所不同。

无论是哪种选择，接受普通高等教育的学生的比例，都要和全社会各种就业机会的分布情况相一致。如果社会上没有足够多适合大学毕业生的工作岗位，就会出现大量的大学生找不到工作的情况。

在上述两种选择中，中国早期采取的是第二种做法，后来逐渐转为第一种。而到了今天，国家发现教育的主要矛盾是职业教育的欠缺，尤其是中国如果要完成制造业升级，就更需要大量有经验的、接受过职业教育的技术工人。因此，重新往第二种做法转向是完全可以理解的。

对个人来讲，无论是家长还是正在上学的年轻人，都有必要正视这个现实——以技能教育为主的职业教育势在必行。

今天，很多年轻人其实并不愿意上一所低质量的高中，然后勉强在一般的大学读一个没什么用的专业，只是在家长的逼迫和社会舆论的偏见之下不得不走这条路。如果可以自己选择，他们很可能会选择学一门手艺，找一份自己喜欢的工作，而不是硬着头皮读普通大学。

　　我们都听说过韩非子讲的自相矛盾的故事，也都明白不应该做自相矛盾的人。但到了行动时，很多人却又在自欺欺人，做自相矛盾的事。在面对职业教育这件事情时，很多人便是如此。一方面，大家其实都知道未来社会的必然趋势是什么，知道开展职业教育势在必行，知道上了大学也未必能找到所谓的白领工作，也知道技术工人的收入可能不比白领低；可另一方面，他们却拒绝接受这种趋势，然后陷入不必要的焦虑之中。实际上，早一天了解现实、接受现实，早一天好。

每个人都需要做的两件事

　　第一，我们需要用行动推动社会平等尊重各种职业。

　　正如前一节所讲的，解决教育平等问题的最终办法是职业平等。在德国，六成年轻人去了职业学校，但大家并没有觉得教育不平等，原因就是德国人认为所有的职业是平等的。我们每个人都应该善待各种职业的人，无论是对外卖小哥、餐厅服务员还是工厂工人，都应如此。既然我们的后代未来也可能会从事这些职业，那么，何不从现在开始，推动这些职业变得更受尊重、更有尊严呢？

　　第二，如果你觉得自己的孩子一定要上大学，将来一定要从事科技、专业服务和管理类的工作，那么就行动起来，先把他的手机扔到一边，并且当他在家学习时也关掉自己的手机，花时间学习教育学和少儿心理学的知识。不要一边抱怨升学压力大，一边又让宝贵的时间随意流逝。很多人平时以工作忙为理由不去陪伴孩子，等到孩子升学时遇到麻烦了才开始着急，那时一切都于事无补了。具体到学业上，家长至少要培养起孩子读书的兴趣，同时让他夯实读写算的基础，然后再谈论上大学的问题。当然，如果孩子觉得将来不上大学也挺好，那么你也不要逼他。毕竟，孩子的幸福比学历更重要。

有些人问我，如何判断孩子是否是读书的料。言外之意是，如果孩子不是读书的料，干脆放弃得了。其实，这跟是否要求孩子上进是两回事。并非所有人都适合读大学，毕竟每个人的条件有所不同。但是，要求孩子上进必然是合理的。毕竟，即使不在学校读书，一个人也需要不断地接受教育。哪怕是做一个技术工人、厨师、专业服务人员，想要做得好，也必须在工作中不断提升自己。

*

最后，需要指出的是，既然职业教育是国家教育事业的目标之一，国家和社会就有义务把职业教育办好。德国的职业教育之所以成功，很重要的一个原因是职业教育学校办得好，能够给不上大学的人不断提高的机会。今天人们喜欢把职业教育和高等教育对立起来，这在国内可能是现实，但在德国，两者只是教育的两个维度而已，没有高下之分。

我曾多次在一些场合呼吁，中国不仅需要世界一流的大学，也需要高等的职业教育。职业教育其实也有初等和高等之别。高等的职业教育分为普通的和非常专业化的。比如，德国有专门给没读过研究生的工程师安排的"工程博士"学位。全职工作的工程师可以利用业余时间上少量的课，主要靠自己在工作中的成就申请这种特殊学位。这样的博士，和我们理解的全日制博士完全不同。这样的培养计划，可以理解为最高等的职业教育，也可以理解为高等教育中偏向职业化的一种方式。

回到教育的目标这个问题上，教育的目标要跟自己的职业和人生发展相一致。教育可以塑造人，但如果我们简单地认为接受了某种教育，就成了某种人，那就未免太幼稚了。教育是为了帮助人的职业发展，如果一个人将来要从事依靠技能的行业，就应该接受相应的职业教育。有些教育有面子，但是没有里子，用不了多久就会被戳穿。**适合自己的教育会给人里子，而有了里子的人，最终也会拥有面子。**

前途：文科专业和理工科专业该如何选择

如果一个人把教育的目标定在一定要上大学，那进入大学之前他就需要做一个选择：是学习理工科专业，还是文科专业？

世界上主要的工业国家，比如美国、日本和德国，文理科学生的比例基本是1∶1；而中国比较特殊，理工科学生的数量远远多于文科生的数量。可即便是在这种状态下，很多学生和家长依然觉得理工科对社会更有用，文科用途不大。如果这只是一种偏见也就罢了，可是2021年，一家银行居然认认真真地出了一份报告，大意是文科生占比太高会给经济发展拖后腿，东南亚很多国家之所以陷入中等收入陷阱，就是因为文科生占比太高。这份报告一经发布，社会上一片哗然，很多文科专业的学生和相关岗位的从业者半自嘲地说，"敢情咱们拖了国家发展的后腿"。这里我想从这个话题出发，谈谈文科对社会的作用。

中等收入陷阱与文科生数量有关吗

所谓中等收入陷阱，是指一个经济体发展到一定水平之后，人均 GDP（国内生产总值）再也无法取得突破，然后长期在同一水平徘徊。至于中等收入的标准是多少，不同地方的标准相差很大，从两三千美元到一万五六千美元都有，我们一般取中值一万美元左右即可。在谈到中等收入陷阱时，一般人马上会想到的是南美洲的阿根廷、巴西等国家，以及亚洲的马来西亚、泰国、菲律宾等国家。下面就以阿根廷为例，说说中等收入陷阱的成因。

在历史上，阿根廷一度处于发达国家行列，20 世纪初的经济发展状况甚至可以比肩美国。二战后阿根廷人均收入 5252 美元，比西欧核心 12 国平均水平高 10%。那时也没听说阿根廷的理工科学生占比有多高。第二次世界大战之后，掌握政权的庇隆夫妇违反经济规律胡来，急于抹平国内的收入差距，甚至没收外国资产，这严重影响了阿根廷的经济发展。关于这段历史，有很多专门的著作和文章，这里我就不赘述了[1]。需要说明

---

1 有兴趣的读者可以阅读阿根廷前总统的顾问亚历杭德罗·格里姆森（Alejandro Grimson）所著的《阿根廷迷思》（*Mitomanias Argentinas*）一书。

的是，即便经历了这么多波折和权力更迭，到了 1964 年，阿根廷的人均 GDP 依然在 1000 美元以上，为 1179 美元。这个水平超过了当时的日本，大约是当时英国的 2/3，在全世界依然名列前茅。此后，阿根廷的经济持续快速增长了近 20 年，直到 1982 年。

因为一味追求 GDP 的高增长，推高了债务，阿根廷在 1982 年陷入债务危机。为了转嫁国内的矛盾，当时的军政府主动出兵占领了英国有少量驻军的福克兰群岛，也就是阿根廷人所说的马尔维纳斯群岛。不过，这一仗阿根廷打输了，于是雪上加霜，一度让阿根廷的经济发展陷入停滞。所谓中等收入陷阱，其实就是那时提出来的一个概念。不过，一段时间后，大家就不太提这个概念了，因为阿根廷后来发展得不错，走出了中等收入陷阱——2017 年，阿根廷的人均 GDP 达到 1.4 万美元，高于今天中国的水平。只是，阿根廷随后再次发生债务危机，汇率下跌，2020 年后又赶上新冠疫情，人均 GDP 才降到了 2021 年的 8400 多美元。

包括巴西在内的大部分拉美国家都和阿根廷的情况类似。巴西的人均 GDP 在 2011 年达到了 1.3 万美元。至于马来西亚、泰国、菲律宾等东南亚国家，人均 GDP 其实一直是向上走的，并没有来回振荡。特别是马来西亚，2019 年人均 GDP 是 1.1

万美元，比中国还略高。另外，泰国的人均 GDP 总体上也是一路走高的（图 5-1），可以说是第三世界国家里的好学生，完全和中等收入陷阱不相关。

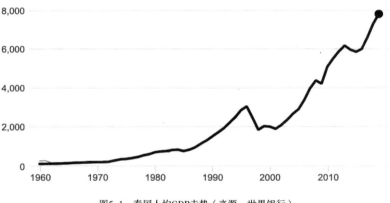

图5-1　泰国人均GDP走势（来源：世界银行）

即便是我们印象中又穷又破、经济发展缓慢的菲律宾，真实情况也远比我们以为的要好。图 5-2 展示了它 60 年来的人均 GDP 增长率：以 5% 的增长速度高速增长了 60 年，可谓奇迹。这中间，只有菲律宾的独裁者马科斯被推翻时，一度出现社会动荡，让经济发展短暂下跌，其他年份均表现良好。经济发展走势这么好，如果还要说它陷入中等收入陷阱，恐怕不太合适。

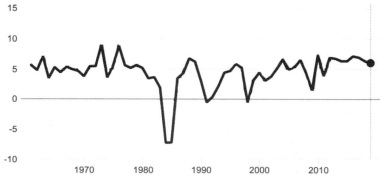

图5-2 菲律宾人均GDP增长率发展走势（来源：世界银行）

　　一个经济体发展的好坏和它的科技水平的确有关，但影响更大的因素是政治清明、经济开明、法律保护工商业、保护知识产权，等等。以政治清明为例，全球普遍使用"政治透明度"来对这项指标进行衡量，排名越靠前，腐败就越少。阿根廷的政治透明度在主要国家中排第 78，13% 享受公共服务的人需要行贿，这个情况不算好。巴西的情况更糟一点，政治透明度在全球排第 94。拉美的问题大国委内瑞拉，在全球排名第 176，几乎倒数。拉美国家中政治最清明的是智利，在全球排名第 25。相应地，它的经济发展状况也非常好。在亚洲，马来西亚的政治透明度排全球第 57，还不错，它的人均 GDP 在 1 万美元以上。泰国和菲律宾的情况就比较糟糕了，排到第 100 名以后。和它们形成鲜明对比的是新加坡、日本和韩国，分别排全球第 3、第 19 和第 33。可见，政治清明和 GDP 水平的相关性是非常高的。至于经济政策、法律保证等因素对经济的影响，我就不一一分析了。无论是做到政治清明，经济开明，还是让商业得到法律的保护，和理工科学生并无太多关系，反倒是对文科生的依赖更多。

那么，文理科学生的比例与国家经济发展的相关性又如何呢？一些人认为，理工科学生可以促进国家经济发展的逻辑是这样的：国家经济发展需要创新，而创新需要使用新技术，只有理工科学生有可能掌握新技术。因此，如果一个国家培养了太多文科生，难免会影响其创新水平。我们不妨从历史和现实的角度来看看这个逻辑是否成立。

文科对社会的作用

科学家和工程师在社会经济中发挥巨大作用，始于 17 世纪欧洲的科学革命和 18 世纪的英国工业革命时期。靠着牛顿[1]、瓦

1　艾萨克·牛顿（Isaac Newton），现代物理和天文学的奠基者，他的科学发现为现代工程学打下了基础。

特[1]等人的贡献，英国率先完成工业革命，成为全球经济发展的领头羊。随后，在 19 世纪下半叶，美国和德国的科学家和工程师又推动了第二次工业革命。二战至今，全世界受益于信息革命的成果，而我们所了解的领导了信息革命的人，基本上都是学理工的。即便这些情况都是事实，但如果简单地将技术创新看成科学家和工程师的事，那就大错特错了。

无论是在哪一次工业革命时期，工程师的数量相对而言都很少，科学家的数量就更少了。这些人之所以能贡献出世界上大部分的科学成就和技术创新，除了自身的能力，更主要的是因为法律能保障创新者的权益，民众对创新充分认可，以及商业工作者提供了将创新变现的市场。而在后面几项工作中，法律工作者、新闻工作者和商业工作者都扮演着重要的角色。如果单纯认为这都是工程师和科学家的功劳，那就跟故事里讲的一样，一个人吃馒头，吃到第 5 个饱了，于是认为都是第 5 个馒头的功劳，前四个的作用就不考虑了。瓦特的蒸汽机和亚当·斯密的《国富论》[2]都是在 1776 年问世的，这并不是巧

1　詹姆斯·瓦特（James Watt），苏格兰发明家和机械工程师，他改良了纽科门蒸汽机，奠定了工业革命的重要基础。

2　亚当·斯密（Adam Smith）所著的《国富论》（*The Wealth of Nations*）提供了现代自由贸易和资本主义的理论基础，被认为是古典经济学的开端。

合。就在同一年，还爆发了美国独立革命。正是政治因素、商业因素和科技因素融汇到一起，才促成了前两次工业革命的发生。至于信息革命，在很大程度上要感谢硅谷一整套的创新制度，而不仅仅是几个个人。也正是靠着制度上的优势，原来是农村的硅谷地区才能后来居上成为信息产业的中心，而美国东北部传统的工业中心虽然有更多的工程师和科学家，反而相对落后了。关于这一点，有兴趣的读者朋友可以阅读拙作《硅谷之谜》。

试想一下，如果是在一个法律不保护创新的国家，大家还有动力花几年、十几年，甚至几十年的时间做创新吗？答案当然是否定的，因为那么做不符合市场规律。

具体到瓦特，在发明出万用蒸汽机之前，他一贫如洗，还有一大群孩子要养活。出于生计的考虑，瓦特一度想去俄国挣钱，因为当时的俄国沙皇叶卡捷琳娜求贤若渴。而让瓦特留下来的，就是英国的专利制度和对工商业的保护。同时，这也让工厂主博尔顿敢于用自己的全部身家投资瓦特。类似地，硅谷地区的发展，是因为早期员工能够从期权中获得巨大的利益，让他们能够放弃大公司的高薪投身到创业中。

如果没有这些制度保障，即便个别人会出于情怀或好奇进行发明创造，成功的也只会是个案——整个西方中世纪便是如此。在这种状态下，所有人都不得不在低水平的工作上重复、竞争，也就谈不上技术创新和产业升级了。最终，不仅人均GDP 的发展会陷入停滞，掌握了科学知识和工程技术的人也只能和普通工匠做同样的工作。因此，如果说理工科学生对经济发展有帮助，那也只是诸多帮助中的一种，既不是唯一的，也不是决定性的。

*

看过了历史，接下来，我们再从现实的角度看看这个问题。

美国、英国、加拿大等英语国家和德国、日本等制造业大国都是老牌发达国家，这些国家现在的经济发展也很好，我就以它们为例。先来看美国，它是英语国家的代表。根据美国教育部的数据，在 2017—2018 年度 200 万本科毕业生中，人数最多的是商科，占了近两成；第二是医学和公共卫生等专业，占 12%，其中大部分是护理、药剂师和公共卫生专业，而不是临床医学专业；第三是社会科学和历史专业，占 8%；第四是工程专业，占 6.1%；第五是生物和化学专业，占 6%；而计算机和信息科学专业，再加上信息安全专业，总共占比略高于3%；至于纯理科专业的就更少，所有人加在一起也只占 3%；

就算把工程、生物、计算机和信息科学等理科专业都加到一起，再把一半的医学和公共卫生专业算成理工科，总共也只占 1/4 左右。

当然，上面的数据只考虑了主修专业，美国很多大学生是读双学位的。如果把双学位考虑进来，在本科毕业生中占比最高的依然不是理工科专业。工科、理科、生物和信息科学一共只占了 20%，和主修专业为理工科的比例相差不大。相比之下，商科占 29%，文科占 27%，不仅人数比理工科的多，而且可以辅修这两个专业的人很多。我们可以理解为，美国很多理工科学生辅修了商科和文科专业。但是反过来，商科和文科的学生辅修理工科的并不多。可不要小看商科的作用，美国拥有全世界最多的顶级品牌 [1]，华尔街能够管理全世界的财富，靠的主要就是这些学习商科的人。

有人可能会说，这恰恰是美国目前制造业空心化的原因。我暂且不驳斥这个观点，因为美国的科技竞争力依然是有目共睹的。我们就来看看制造业，特别是先进制造业最发达的两个国家——德国和日本的情况。

---

[1] 美国为全球品牌第一大国。据 2022 年世界品牌 500 强排名，有 198 席来自美国，为全球第一。

根据德国政府的数据，2015—2020 年，德国大约有 26%
的本科学生是工程专业的，其中包括商科和计算机专业；大约
有 10% 的学生是理科生，其中还包括生命科学专业。不过，即
便把理科和工程专业的学生加在一起，也才不到 40%。而我们
所谓的文科生，占到了本科生人数的 40% 左右。此外，还有少
量艺术生和其他专业的学生。

日本划分学科的方式和中国、美国、德国都略有区别。商
科被包括在文科之内，整体文科生在大学生中的占比最高，达
到了 38%；工程专业的学生占 17%；人文和社会学科被单独列
出来，占 16%；教育学占 6%。理科生由于人数太少，没有被
单独列出来。从上面的数据可以看出，文科、人文和社会学科，
再加上教育学，学生占比已经达到 60% 了。即使不考虑艺术和
其他未被统计的学科，把剩下的份额都算到理工科头上，最多
也只占 40%。

中国的情况是什么样的呢？在绝大部分省份，文科生和理
科生比例都不到 1:2；在个别省份，这个比例甚至低到畸形的
1:4。显然，理工科学生不是太少了，而是太多了。当然，这种
状态的成型有历史原因。新中国成立后，我们学习了苏联重理
轻文的高等教育体制。改革开放后，虽然很多理工科大学在往
综合性大学转型，但同时它们的理工科专业也在扩招，甚至一

些原本属于大专的、培养理工科技能的学院都升级成了大学。

理工科学生占比高会不会让经济发展得更快？答案是否定的。这就如同你买了两张同一班次的火车票，不可能把差旅时间缩短一半。社会发展的各个方面需要平衡，一个行业多出一倍的竞争者，未必会让这个行业发展得更快。与此同时，如果不能加强对知识产权的保护，还会导致恶性竞争，最终可能会毁了这个行业。同时，另一些行业则会因为缺乏从业者而发展不起来。

今天的中国显然无法消化更多的理工科毕业生了，否则就不会有那么多名牌大学的理工科毕业生挤破头也要进街道办事处了。要知道，街道办事处的工作，一个普通学校的文科毕业生都可能会比名牌大学的理工科毕业生做得更好。

我环顾了一下我在清华大学计算机系的 150 个同年级的同学，发现还在从事技术和工程相关工作的只有 60% 左右了，其他人做的工作跟专业完全无关。清华的毕业生算工程能力很强的了，计算机专业又属于社会需求人数最多的专业，即便如此，转行的人都这么多，其他理工科专业的学生就更不用说了。此外，我们就业的年代，用人单位还在抢技术人才，只要还想做技术，很容易找到相应的工作。而今天，这种情况已经不会再有了。

　　一个国家和地区的经济发展，需要各个专业的人才数量平衡。在全世界，最依赖技术和工程的经济体当属美国的硅谷地区。如果把硅谷地区当作一个国家，它的人均 GDP 可以排到全球第 17 名，竞争力主要来自高科技产业。但是，即便是在硅谷，也只有 1/4 的在职劳动力供职于高科技企业，剩下 3/4 的人供职于服务业、医疗、金融、能源和制造等行业。即便是在高科技企业，技术与工程也离不开销售、法务、财务、行政等，而这些职位大多为文科生担任。缺了哪一块，企业的运转都会出问题。也就是说，离开了文科和文科类工作，理工科和理工类工作是无法独挑大梁的。

　　今天的中国无疑需要通过创新完成经济的进一步增长。但是，创新首先需要的是制度创新和法律保障，而这要靠法学、政治学、社会学和经济学的精英一起推动。此外，创新的含义不仅仅是技术创新，还包括商业模式创新、艺术和思想领域的创新等。而在这些方面，商科、艺术、人文和社会学科的人才都能派上用场。

　　我曾经跟几十位诺贝尔奖、菲尔兹奖得主，还有几十位来自美国、英国和中国的科学院或工程院的院士交谈过。但凡谈到各个学科的作用，他们没有一个人觉得文科或者社会学科不重要。至于文科在艺术领域的创造性，大家都很清楚。比如乔布斯就是文科出身。此外，一个国家在人文艺术方面的底蕴会支撑起它的创造力。相反，如果一个国家只有理工科人才，缺乏人文和艺术底蕴，就只能进行重复性的技术工作，无法完成具有创造性的工作。

1957 年，苏联抢在美国之前率先发射了第一颗人造卫星"斯普特尼克 1 号"，这让美国陷入了恐慌，史称"斯普特尼克危机"。美国人开始反思，为什么当时科技水平不如西方的苏联能率先做到这一点。他们发现，可能是因为苏联从沙皇时期积累了很深的文化和艺术底蕴，因此具有很强的创造力。但等到冷战结束，西方国家发现苏联的工程技术水平赶上来了，竞争力却比 20 世纪 50 年代差了，这又是为什么？一个显而易见的事实是，苏联不仅将理工科和文科彻底分家，还特别重理轻文。苏联有不少能够仿制西方技术的工程师，却做不出一款能够风靡世界的产品。

其实苏联的做法不难理解。当一个国家从一穷二白向解决温饱问题发展时，只要设计、制造出功能上满足基本需求的产品就可以了，这时最需要的就是理工科人才。但是，当它想要进入发达国家行列时，就需要有发达的商业，需要获得高附加值利润。这时，它需要把产品卖到全世界，产品和服务就必须做得精致、有美感、有文化、有艺术气息，同时还要有市场营销人员让用户接受它产品中的文化。这件事就不是单靠理工科人才能解决的了。

中国也有类似的情况。在从农业经济向工业化的商品经济过渡时，较多地依靠理工科人才来推动是合情合理的。但如果认为将来对理工科人才的依赖程度会更强，那就有点想当然了。

今天，在经济发达的国家，文科生能做什么呢？除了法律、财务、商业和艺术等领域的工作，很多管理岗位，包括政治领域的岗位，文科生都可以胜任。文科生常常在表达上更具优势，而这对于领导者和担任政治工作都至关重要。

在现在的中国，文科生比理工科学生更难就业，这既有历史的原因，也有文科生自身的原因。文科生需要反思一下人文科学有什么作用，没有人文的科学有什么危险，以及为什么我国培养了那么多理工科博士，技术创新却还是那么难。想清楚这些问题，你就能找到自己的定位了。有些文科生把文科当成死记硬背的学问，忽视了在人文领域创造力的培养。还有些文科生，把自己的知识局限在文史地内容中，放弃了基本数理化知识的学习，以至于在工作中无法融入理工科人士为主的产品团队……这些都是需要反思的问题。文科生要想用自己的专业知识实现自己的人生理想，需要努力创新。

当然，理工科学生也需要反思。有的人专业能力很强，但工作十几年，连邮件都写不清楚，连个 20 分钟的报告都做不好。对这些人来讲，职业的发展关键不在专业能力，而在于人文素养，特别是表达和写作能力。很多企业也应该反思一下，为什么招了那么多名牌大学毕业的理工科学生，还是设计不出在世界上有竞争力的产品，这些都和人文素养欠缺有关。

无论是文科生还是理工科学生，都应该把教育的目标定在成就自己的人生上，而不只是获得一个文凭。如果在大学接受的教育还不足以让自己实现这个目标，就需要在课外多学习。试想一下，当你把目标设定为做出受大众欢迎的产品时，所有和这个目标有关的知识，你都会努力去学。

延伸阅读

〔阿根廷〕亚历杭德罗·格里姆森：《阿根廷迷思》

吴军：《硅谷之谜》

平衡：通识教育和专业教育
哪个更重要

　　通识教育和专业教育哪个更重要，我在《大学之路》中进行过详细的论述，本书前面的章节也有简要的说明，这里就不再赘述了。不过，由于每个人的情况不同，受教育的目标也不可能相同，因此在考虑是选择通才教育还是专才教育时，有一些非常个性化的因素也要考虑到。

　　2014 年左右，一位小有成就的企业家问我该让孩子学什么专业。他想让孩子去学会计，这样以后就可以为他的企业管账，将来等他老了，孩子也可以继承他的事业。我问他，希不希望孩子的成就超过他，他说当然希望。然后我说，如果他让孩子学会计专业，那孩子大概率是无法超过他了。下一代人和上一代人做同样的事情，要想超过父辈，要满足两个基本条件：一是掌握更新的技术，二是更有见识。一个年轻人 18 岁就开始学会计，我实在看不出这能助他做到这两点。对这个年轻人来讲，最重要的是通识教育。因此，在大学期间，学什么都可以，只要能增加见识，同时学会科学的方法，学会和人打交道的本领就行。

随后，我给这位企业家讲了我一个美国朋友的故事。这个朋友的家族是世界上最大的餐饮公司的大股东，他的父亲虽然希望他继承家业，却没有要求他一定要学商业或者金融，而是让他自由发展，增长见识。于是，他在大学读了数学专业，形成了很好的理性思维习惯。后来，他进入自家企业，从基层员工做起，一路做到首席财务官、首席运营官和首席执行官。在他的管理下，企业发展蒸蒸日上。这个朋友超越父辈的，其实就是见识。后来他有了孩子，也没有要求孩子一定要上名校，而是把他们都送到了最好的文理学院，让他们在年轻时打好通识教育的基础。

这位企业家听了我的建议后，把孩子送到了国外，让他自由选择专业。几年前孩子回国，并没有继承家业，而是选择了自己创业。到今天，孩子创办的企业规模还不是很大，但成长速度已经远远超过了父亲的企业。而且，因为这家小企业在技术和管理水平上都超过了父亲的企业，很可能比父亲的企业更有前途。

我身边这样的例子并不少。不少企业家和大学教授都让自己的孩子接受了比较好的通识教育。而从结果来看，那些孩子后来无论生活在哪里，个人发展都很好，并且大部分都能超过父辈。这主要就是因为他们在视野和见识上比父辈强。

当然，如果是普通家庭向我询问类似的问题，我给出的建议会有所不同，甚至可能会截然相反。

我有三个属于中上层工薪阶层的朋友，他们的孩子上的都是常青藤名校，而且都不满足于到所谓的计算机大厂找一份安稳的工作，而是希望将来有机会成为商界或政界的领袖。对于这种有理想的年轻人，能帮忙的我通常都会帮。他们的父母也会经常和我聊聊孩子的情况，听听我的建议。在美国，想要从政，第一步通常是去当律师，而美国的法学院和医学院一样，只招收研究生。因此，我建议他们在本科阶段认真学好一个专业，而不是简单地学一些通识教育类的课程。这个建议其实是一些律师朋友根据自己的经验告诉我的。我周围不少律师朋友本科学的都是理工科专业。之所以这么选，一方面是因为这些专业可以培养好的逻辑思维习惯；另一方面，是因为万一申请法学院研究生不顺利，好歹还能有饭吃。听了我的建议之后，这三个孩子本科分别学了工程、商学和通识。

最后结果是，学工程专业的孩子毕业后当了几年工程师，觉得没意思，又重新申请读了法学，之后当了专利律师。学商学的孩子成绩最好，毕业后就直接申请到了法学院的研究生。

但是，由于家里没有能力负担四年法学院的学费，于是他先到华尔街工作了两年，攒够了学费才去就读。[1]学通识教育的孩子，在一所常青藤名校拿到了经济学和新闻学的双学位，但这两个专业的毕业生在美国都比较难找工作，他也不例外，最后只好回到硅谷混日子。说是和朋友创业，其实就是在小公司里打零工，还要靠家里补贴生活。这倒不是说接受通识教育没有用，而是说对于要养家糊口的人，最好先掌握一门生存技能，再谋求发展。

这几个虽然都是个例，但还挺具有代表性的。即便最终受教育的目标是相同的，工薪阶层家庭和所谓"家里有矿"的孩子阶段性的目标也会有所不同，也就是说走的路不会一样。适合张三的路未必适合李四，因为他们情况不同。我一直认为，如果缺乏良好的通识教育，一个人就难以走远，这是毫无疑问的。但这并不是要否定人必须掌握可以用于谋生的一技之长。一个人不管最终做什么，只有在自己做的事情上有专长，才能比别人做得好。

掌握一技之长这件事，最好在走出校门之前完成。虽然一些企业，比如著名的四大财务咨询公司（德勤、普华永道、毕

1　在美国，很多法学院都可以给学生保留一两年的入学资格。

马威和安永），会像学校培养学生一样培养刚入职的年轻人，但大部分企业都做不到这一点。因此，除非你可以躲在祖荫下慢慢成长，否则一毕业就要参加工作，养活自己，这时就得具备一技之长了。

当然，如果你选择在大学毕业后继续读研究生，那么可以把这件事往后拖几年，先多花点时间接受通识教育。这也是我一直支持的。但是，等到研究生毕业，你还是必须具备一项专长。现在有些人纯粹是为了拿更高的学历而读研究生，在研究生阶段也没有增长能力，那这书就算白读了。

如果你不得不本科一毕业就开始工作，那么本科阶段就不能全凭兴趣选课了。如果还是想多学习一段时间，我比较建议你先工作一两年，等有了些积蓄，再回到学校，或者通过其他方式补上自己在通识教育方面的不足。比如，前面提到的那个本科学商学的孩子，他就是先工作两年赚够将来的学费，再去读研究生。当然，他在本科阶段也只能放弃一些通识课程，多学些专业课程。

我经常讲，最好的教育方式是选择最适合自己的学校。很多人不同意，一定要强调哈佛大学就是比加州大学伯克利分校好，或者觉得人文环境好的名校就是比普通大学好。在他们看来，前者培养的是业界领袖，后者培养的则是工匠。有这种想法的人其实是没搞清楚教育的目的，没给自己设定好每一个阶段教育的目标。的确，像哈佛、耶鲁这样的常青藤名校比较注重通识教育，但这些学校是否适合所有学生，还是要打一个大大的问号的。就拿求职来说，如果本科一毕业就去申请谷歌或者微软的工作，面试官肯定会把麻省理工学院和卡内基 - 梅隆大学的毕业生的简历放在哈佛大学毕业生的前面，甚至会把一些公立大学，比如加州大学伯克利分校和密西根大学毕业生的简历放在哈佛大学毕业生的前面。要知道，虽然哈佛的毕业生日后在各个领域做出成就的有很多，但这部分人在所有毕业生中所占的比例其实是很低的，大量名校毕业生后面的发展都非常平庸。而发展平庸的人都有一个共同点，那就是缺乏一技之长。

在美国，还有很多优秀的文理学院，它们甚至比常青藤名校更注重基础教育。这些学院的毕业生也很受一些名牌大学研究生院的欢迎。但是，如果注意一下其中的学生，你会发现他们大多家境良好，很少有来自低收入家庭的孩子。这倒不是因为那些学院学费高，而是因为它们培养人的目标就是为将来进一步深造打基础。如果本科就读这类学院，后续又缺乏在研究生院的深造，那么对学生来说是远远不够的。因此，对很多低收入家庭的孩子来讲，上这样的学校完全不现实。

你可能听说过乔布斯退学的故事。他的养父母用一生的积蓄把他送入文理学院，可乔布斯很快就发现那里不适合自己，因为花了那么多钱，却学不到什么专长。于是，乔布斯果断选择退学。虽然他当时年龄还很小，却作出了正确的选择。因为就算他按部就班地在那儿读完 4 年，也必须再读一个研究生才能掌握一技之长，而这不仅要花更多钱，还耽误了时间。乔布斯日后的抱怨也不是说那所学校不好，而是说花了高昂的学费，却学不到养活自己的技能。如果他当时读的是工程学院或者艺术学院，他或许就坚持读下去了。

今天，很多人面临的情况和乔布斯是一样的，他们还没有奢侈到能花 4 年时间去学习和谋生没有直接关系的知识。因此，对这些人来讲，需要先有一技之长，再逐渐补足自己在通识教育上的缺陷。

我身边有不少华裔朋友，为了让孩子成为精英，把孩子送去读那些名气很大，但并不重视专业教育的大学，最后发现孩子毕业后空有一个漂亮的文凭，却得不到社会的认可。还不如那些当初成绩不如自己，后来读了州立大学的高中同学呢！

或许是因为这种例子太多，今天很多美国的华裔不再单纯追求进名校了，而是会根据自己未来发展的需要选择大学和专业。我对比了我两个女儿就读的高中的毕业生在 2022 年和近七年来申请美国大学的结果发现，在两届学生竞争力差不多，学生进入美国名校的比例几乎完全相同的情况下，选择以工科和商科见长的学校（如麻省理工学院、加州理工学院、卡内基 - 梅隆大学和康奈尔大学）的人比 7 年前多了很多，而选择以通识教育见长的学校的人数则明显减少了。对于那些同时被几所名校录取的学生，比如同时被哈佛大学和麻省理工学院录取，7 年前他们会选择哈佛大学，但 2022 年时他们更倾向于选择麻省理工学院。

我们可以把这种变化归结于大家更务实了。在历史上，只有在经济形势不好的情况下，才会发生这种情况。但最近十几年，美国经济一路走高，不存在找不到工作的问题。我和一些大学毕业生聊过天，他们说到，今天通识教育的课程可以通过 MOOC 等方式学到。因此，过去先打基础再培养专长的受教育方式，正在逐渐被打基础和培养专长同步进行的学习方式所取代。

今天很多人喜欢谈跨界，似乎一个人在自己的领域遇到天花板后，一跨界就能开辟出一片新天地。这种想法其实存在一个逻辑上的矛盾：做好任何事都需要专业知识，而如果一个人花了很多年都没有在一个领域做得很精深，又如何能在一个自己缺乏专业知识的领域做得更好呢？成功跨界的人确实有，但数量并不多。而且，他们通常都是先在某一个专业领域做出了突出的成就，然后将自己在这个领域取得的方法论用于其他领域，继而获得成功。这些人固然都有很好的通识教育的基础，但他们的专长更加突出。

在通识教育和专长教育的问题上，人们常常犯两个错误。第一个错误是无法把握平衡，忽视其中一方面的教育。忽视通识教育会让人走不远，而忽视专长教育可能让人连第一步都迈不出。相比而言，国内的家长和学生忽视通识教育的现象更普遍。第二个错误是认死理，认定只有一种兼顾通识教育和专长教育的道路可走。很多人尤其喜欢模仿成功者在教育上走过的路，但自己的情况可能和那些人完全不一样。想清楚这两个道理，再选择学什么专业就不应该是一个难题了。

环境：如何看待"怀才不遇"

一位读者朋友问我："怀才不遇"是不是个伪命题？怀才却不遇，是不是只能说一个人基本能力没有培养好，没有找到自己的发展方向？

这是一个有趣的问题，它背后是一个更深层次的问题，就是教育的内容和结果与外在环境的关系。我们经常会看到很多人在这个问题上有两种极端的想法：一种是把教育的结果和自己的命运完全归结于外部环境。比如，认为考不上好大学是因为教育资源不充足，找不到好工作是因为学校教的内容没有用，发展不好是因为怀才不遇，等等；另一种是忽略环境的作用，相信凡事只要努力就能做好，结果被现实的铁拳打得遍体鳞伤。

教育能让自己更具竞争力，这个道理大家都懂，无须再强调。但是，对外界环境麻木的问题则是很多人所忽视的，值得提醒一下。

毫无疑问，教育的方法、内容和结果肯定会受环境影响。比如，在清朝末年民国初年，中国大部分教育方式还是围绕科举展开的私塾教育，虽然有了少量留学生和少量教授现代知识的洋学堂，但主流的教育模式还是旧式的。在那样的环境下，想要培养出适合新时代的年轻人是很困难的，这种环境对人的影响不能不考虑。到了20世纪初，一批公款留学生挑起了中国教育和科技的大梁。为什么是这批人？因为他们到了一个现代环境，学的是现代社会所需要的知识，符合当时中国的发展需求。很多人问我是否该留学，其实只要考虑清楚自己将来要做什么，要在什么环境中发展，答案就很容易得出了。

接受完教育，是否还会有怀才不遇的问题？当然会有。人的成功是由很多因素决定的，包括时代因素和环境因素，个人的教育背景和努力程度并不能完全改变或避免那些因素的影响。

在中国历史上，有两个人都曾经以全部身家帮助君王创业，但他们遇到的君王不同，结局也就差了十万八千里。

第一个人是隋末唐初的大商人武士彟。他在李渊起兵时出钱出力，还帮李渊管理后勤。后来李渊当了皇帝，封他为二等开国功臣，还让他担任工部尚书这样的高官。因为武士彟是商人出身，当时朝廷里有官员看不起他。为了抬高他的地位，李渊还特意挑选了当时士族大家弘农杨氏的一位女子给武士彟为妻。武则天就是这位杨氏的女儿。

第二个人是元末明初的大商人沈万三。朱元璋起事时，沈万三为了讨好朱元璋，出钱修了南京城 1/3 的城墙，还表示要出钱出粮提供军需。谁知朱元璋说："匹夫犒天子军，乱民也，宜诛。"意思是，你一个平民，怎么能替皇帝犒赏军队，简直就是乱臣贼子，应该杀了。虽然在马皇后的劝阻下，朱元璋没有杀沈万三，但将他发配到云南充军，没收了他一半的家产。

你看，做的事情虽然类似，但在不同时代遇到不同的人，结果完全不一样。历史上像刘秀、李渊这样的开国者心胸比较开阔，也更加感怀功臣的功绩。东汉的云台阁和唐朝的凌烟阁，都是皇帝纪念功臣的地方。而朱元璋虽然也是有为之君，但对臣子的态度与他们不同，明朝的开国功臣鲜少有人能善终。

*

在国内的时候，我跟不少比我大一轮的人有过交往，他们中间不乏聪明人，但其中很多人在合适的年纪没有机会接受高中和大学教育。虽然他们后来一直非常努力，但能做的事情却很少。因此，我常常为自己生对了时代感到庆幸。美国的情况也是类似的，婴儿潮一代就比千禧年一代幸福指数高很多，因为前者的机会多很多。

我们难以选择出生在什么时代，但我们可以选择到什么环境中发展。在我国古代，人们讲究良禽择木而栖，这个道理今天一样成立。你可能不难发现，大学水平差不多的同班同学，毕业后去了不同的单位，虽然从事的工作也差不多，但几年后的发展就会表现出明显的差异。再过几年，他们取得的成就就会有天壤之别。其实，这主要就是由环境因素造成的。

之前在一次直播中，我给了年轻人一个建议——在 35 岁之前，必须想办法找到一个适合自己发展的环境，找到能引导自己的导师和领导，而不是一味迁就环境。如果所在的单位提供不了这样的环境，那就想办法换一个；如果一个地区限制了自己的发展，那就在条件允许的情况下换一个地区。很多年轻人毕业后会选择到沿海发达城市发展，其实就是看中了那些城市的发展环境。相比之下，如果待在观念封闭的家乡，他们则可能会怀才不遇。当然，不仅施展自己的才华需要好的环境，求学也是如此，否则就不会有孟母三迁的典故了。

中国人讲究"克己修身"，凡事总是先在自己身上找原因。这当然不是坏事，毕竟改变自己要比改变别人和环境容易得多。可如果这种习惯走到极端，就会演变出一些非常荒唐的逻辑。比如，女性被色狼猥亵，他们会说是这姑娘穿着暴露，勾引出了人的色心。保姆纵火烧死雇主及其年幼的孩子，也有人说这年头有钱人没几个好东西，报应到了。至于孩子有什么错，那肯定是前世犯了错，今世人家回来报复了。这简直是愚昧至极！在这种思维方式的控制下，许多人以为自己在单位做好本职工作，就能够得到应得的报酬、奖赏和机会，却常常事与愿违。

我们知道，克己的思想是孔子提出的。孔子说，"攻其恶，无攻人之恶"。意思是，出了事不要怪别人，要检查自己。孔子还称赞颜回是个好榜样，因为他出了事不会埋怨别人。但是，孔子虽然也会"反求诸身"，但这并不影响他判断问题出在环境上还是自己身上。

当年周游列国时，孔子和弟子被困于陈蔡，断粮多日，大家对孔子的信心已经开始动摇了。于是孔子问子路："我的主张是不是错了？怎么会落到现在这般田地？"子路说："我们之所以遭难，是仁德和智慧还不够。"这似乎合乎孔子克己和反求诸身的教诲，但他听了很不高兴，训斥子路说："仁义如果有用，伯夷、叔齐就不会死；智慧如果有用，比干也就不会被剖腹挖心了。"

孔子又问子贡，子贡回答说："老师的理想太高了，把它调低一点就好了。"孔子听了更不高兴，还骂子贡没出息。最后孔子又问颜回，颜回说："老师的理想很高，肯定能找到实现的机会。没有好的主张，是我们的耻辱；有好主张却没有机会实现，是各国当权者的耻辱。"孔子一听非常高兴，认为还是颜回真正领悟了自己的思想。

在这三名弟子中，子路和子贡是简单理解了孔子所教导的反求诸己，却忽视了施展学问和主张的环境。如果孔子真的像子贡说的那样把标准降低，那么，恐怕他就无法在历史上留下名字了，更不会成为之后被历代君王尊崇的"孔圣人"。

今天，孔子的话常常被人引用，但他的精神却没有多少人学到。毕竟，对于缺乏主动性的人来说，改变自己比改变他人和环境容易得多，妥协也比主动寻找出路简单得多。于是，我们就看到很多人上了十几年学，却得不到施展自己才华的机会，最后只能勉强捧一碗饭吃。

人们不仅会在工作中产生不想换环境的惰性，在求学时，大部分人也缺乏寻找和构建良好环境的主动性。在国外，上大学、换专业，甚至转学都相对容易。因此，大家养成了一个习惯，那就是如果觉得环境不适合自己，就主动换一个。当然，在国内这件事做起来不是很容易，但在明白了环境对自己的制约之后，主动做出一些改变还是有可能的。

举个例子。我们都知道进入一流大学最重要的目的是获得一个良好的同学圈子，因为这个圈子造就了里面的人。那么，进入二流大学是否就没有这样的机会了呢？其实也不是。从结果来看，毕业几年后，二流大学毕业生中发展得好的（比如前1/4）比一流大学中发展得差的，甚至发展得一般的（比如后1/4或者后1/2的人）情况好得多。

对于这个现象，我专门做了一些研究。我向一些当初进不了哈佛、斯坦福等顶尖名校，进而不得不选择州立大学读书的优秀毕业生询问了他们受教育的过程。他们告诉了我一个事实：在进入州立大学后，仅仅经过一个学期，同学之间就基本分出层次和圈层了。有些同学，除了在新生入学时见过一面，可能后面4年都没有交集。在一个几万人的州立大学里，总有大量的希望上进的青年。因此，在一个规模足够大但平均水平不算太高的学校里，找到一个还不错的环境也不是很难。

今天和一个多世纪前不同的是，人们有选择生存和发展环境的自由。我们要找到适合自己的环境，让自己的才能发挥出来，而不要陷入怀才不遇的窘境。

结语

　　虽然我们接受教育的目的差不多，都是为了明理、长智、谋生，都要兼顾全面发展和专长培养，但每个人都应该有自己的教育目标。这个目标应该与自身的条件和追求相一致，而不是简单复制他人的教育目标。即便最终的目标一致，在不同阶段，每个人也应该有不同的目标，走不同的教育之路。教育的效果和结果在很大程度上取决于外部环境。因此，只有为自己找到好的生存环境，才能学有所用，体现教育的价值。

6

我的教育和孩子的教育

一个人的教育经历，只要足够丰富，就可以写成一本书。成功的经历可以让他人获得启发，失败的经历也不失为一种宝藏，如果一个人能从中总结出失败的原因，就能帮他人少犯同样的错误。因此，在本书最后一章，我要来对比一下我和我的孩子的成长经历，把其中的经验和教训分享出来。

我和我的孩子所接受的教育有两个巨大的差别——时代的差别和国家的差别。当然，我们所接受的教育看似截然不同，其实也存在一些共性。为了避免流水账式的讲述，接下来我会从 5 个维度进行对比。通过对比，你既能看到中美教育、低强度竞争和高强度竞争教育之间的差异，也能体会到教育的一些基本原则。

选择：不同学校的
教育有何差距

　　对学生来讲，上一所好学校、遇到一位好老师是很重要的。如果因为某些原因，一个人没有条件上好学校，那他也应该知道不太好的学校和好学校之间的差异，并且在行动上尽可能地进行补救。当然，在小学甚至初中阶段，不要太在意学校的质量，更不要因为上了一所一般的学校就觉得天塌下来了。小学的课程比较简单，一开始落后一点，将来是有机会赶上的。我自己一开始上的就是水平非常一般的学校，我的孩子小学时也因为不满意所在的学校而转了一次学。

　　我读的小学是四川绵阳的一所单位子弟学校，学校里没有多少老师，一个老师要教一个班所有的课。老师们教学水平的差异也很大，大部分老师不是专业师范院校毕业的，有的甚至就是单位员工的家属。这样的学校虽然比乡村的民办学校好很多，但放在当时的四川绵阳来看，它就只能算普普通通了。但在这样的学校，如果能遇到一位好老师，也能在相当程度上弥补学校教学质量的不足。

进入小学后，我遇到的第一位老师颇有经验和水平。遗憾的是，她身体不太好。到了一年级的下学期，她就经常病倒。我升入二年级后，她就不得不离开学校了。在接下来的一年多时间里，我们班都是由代课老师来管，学校里的十几位老师几乎都给我们代过课，教学效果可想而知。甚至有时候，没有代课老师能上课，学校就只好让我们自习，我们也就在教室随便玩闹，根本不可能学习。到了三年级，学校终于给我们派来一位老师，我们这个班也才算是有了自己的老师。今天，我对这位老师的印象已经非常浅了，只记得她口音很重，我们听课很费劲，我的普通话也因此耽误了。所幸当时没有考试，虽然功课被耽误了，但还有时间补上。

我读的学校虽然不算好，但也不是一无是处。当时学校做了两次教育改革方面的尝试。一次是在我们小学二年级的时候，学校尝试着教了我们一些初中数学的内容，主要是有关正负数的，想借此测试一下我们的理解能力。班上很多学生都理解不了，而我是少数能理解的人之一。虽然这次尝试性教学只有短短的两堂课，但还是给了我很强的信心，让我知道我可以学好。另一次尝试是让学生上讲台讲课，我和另一名同学在三年级获得了一次上台的机会。后来我经常给同学讲题，或许就始于那次登台。

到了四年级，不知道出于什么原因，或许是学校觉得不能再这样耽误我们的学习了，或许是有家长去提意见，副校长终于亲自来接管我们班了。副校长是一位很好的老师，她教了我们两年，不断鼓励我，让我相信自己是个好学生，并且要不断按照好学生的标准要求自己，对我自信心的提高产生了很大的影响，我至今仍然很感激她。

四年级下学期，学校恢复了考试，我们就感到学习有些压力了，原先关系非常平等的同学也慢慢地按照考试成绩分成了不同的小团体。这倒不是谁瞧不起谁，反而似乎是一个挺正常的现象。在我后来读中学的阶段，以及我的孩子的求学生涯中，甚至在美国的大学里，这种现象也普遍存在。

小学课程的内容其实很少、很简单，一旦教学进入正轨，而学生有意愿学习，就能很快补上来。在四年级最后的期末考试中，我创造了当时那所学校的一个奇迹——三门考试成绩都是满分。这也是那所学校不长的历史上绝无仅有的一次。

总的来讲，在小学阶段，我几乎全部的知识都是在学校学到的。当时没有补习班，家长虽然会督促我学习，但并没有给我太多辅导。在这种情况下，老师的作用是非常大的。遇到一位好老师，我的进步就快。后来，等我的孩子上了小学，我发现老师之间的差异远比学校之间的差异大得多。比如，学校之间可能是 60 分和 80 分的差别，而同一所学校的老师，可能是 50 分和 90 分的差别。因此，即便是在一所很一般的学校，只要能遇到一位好老师，教育的效果就不会太差。

初中阶段，我在四川绵阳的学校读了几个月，之后就转学到北京了，因为父母的单位回到了北京。当时在北京的清华园里，和我同龄的孩子大约有 10 个班之多，他们参加了海淀区统一的考试，然后只有两个班的人被选拔进入了清华附中。我和我在绵阳的同学没有参加北京的统考，而是参加了几个月后初一第一学期的期中考试。根据考试成绩，有大约 1/3 的同学进入了清华附中——这个比例比在北京的同龄人还高一点。从我和我同学的经历来看，如果单纯比较几门学科的考试成绩，小地方的学生有可能考得和大城市好学校的学生一样好。但是，考出同样的分数不等于学得一样好。小地方和大城市在教育上的差距是在分数之外的，而我到了清华附中很快就体会到了这种差距。

首先，在知识的广度方面，我远比北京的同学差得多。他们读过的很多书，我都没有读过；对世界的了解，我就更少了。因此，一开始，我们这些从四川来的学生显得特别傻。

其次，即便都考 100 分，也不能说明我和北京的同学学得一样好，因为为了照顾大多数人，考试的题目不可能出得太难。相反，如果考试题目可以随意提高难度，把总分提到 150 分，那么，我可能还是考 100 分，而从小在北京上学的好学生可能会考 150 分。我印象很深的是，来到北京后，我发现班上有两个同学的数学特别好，可以说我当时是无法望其项背的。类似地，在写作上，北京的同学也要比我们好得多，我花了两三年时间才弥补上这个差距。

当然，更大的差距不在课堂上，而在课外。北京的同龄人，无论是在体育还是文艺方面，水平都普遍比我们高得多。大城市里的孩子会更成熟，更善于处理人际关系。

我大约花了两年时间才彻底补上在体育、文艺，特别是在见识上的不足。后来上大学的时候，我也发现了从小地方来的同学和大城市里的同学的这种差距。而由于大学生年龄大了，想要弥补这种差距，花的时间甚至不止两年。今天很多人问我是否应该为了孩子去大城市，我的答案是肯定的。即使某些大城市教育内卷的现象很严重，孩子在那里也更容易做到全面发展。而在小地方，即便学生在考试分数上和大城市里的同龄人一样好，也不意味着他们获得了同等质量的教育。

我随后的受教育过程都非常顺利。我非常怀念我的高中生活，因为学校给了我们很大的自由发展空间，并没有刻意强调考试成绩。当时学校很明确地告诉我们，学校看重的是成才率，而不是升学率。在这样宽松的环境中，我可以在课余时间做任何喜欢做的事情。学校唯一"逼迫"我们做的事情就是每天要进行很长时间的锻炼，特别是长跑。当时很多同学都不情愿，可 30 年后讲起来却都很感谢学校，因为大家今天还受益于当时打下的身体基础。就我而言，我初一时体育成绩很差，达不到学校的要求，因此每天课后要花很多时间参加各种田径运动提高成绩，直到初三，我的体育成绩才达到标准。到了高中，我的体育成绩才达到优秀。等到了大学，我发现我的体育成绩在班上算非常好的了。

等到我孩子上学时，她们的选择范围要比我宽广得多。为了让孩子在一个好学区上学，我们家先是找了一个好学区租房子，然后在另一个好学区买了房子。当时我们对美国的基础教育还不是很了解，天真地以为孩子在最好的公立学校上学，应该就能受到非常好的教育了。因此，我和太太也没有提前教孩子数学、语文。我们唯一做的事情，就是每周带她们到图书馆借很多绘本回家阅读，每周大约要看十几本。当然，这对她们后来阅读、写作，甚至绘画都很有帮助。等大女儿进入小学后，我们发现美国公立小学的教学内容极为简单，稍微复杂一点的问题都不讲，而且一开始进度很慢。由于美国公立学校教师的工作都被工会把持，老师们不会讲授教学大纲之外的任何内容。美国的小学也有数学竞赛，但是学校的老师不辅导，如果孩子要参加，家长就得自己到学校去给孩子做辅导——老师每周会安排一天时间让家长到学校来。当时有一个学期，我就承担了给孩子讲数学竞赛内容的任务，每周都有一天 8 点到学校，给孩子上 40 分钟课，然后再去上班。孩子的班主任是一位非常和善的女士，她讲课其实比我好，但是每次我和几位家长在学校辅导孩子时，她都只是坐在教室里帮我们维持秩序。

大女儿到了二三年级的时候，就觉得课堂上的内容对她来讲太简单了，而在公立学校，她无法跳级。因此，等她到四年级时，我和太太觉得这样下去要把孩子耽误了，就让她参加了一所私立学校——哈克学校的插班考试。哈克学校是朋友推荐给我的，有 100 多年历史，是硅谷地区最有名的私立学校，而我们看中它的原因是它重视"德育"教育，并且能够因材施教。当时硅谷地区中小学教育的内卷程度还没有今天这么严重，插班生的录取率大约在 20%，而不像今天这样只有 3%~5%，因此大女儿顺利进入了这所学校。

进入哈克学校后，我们一下就体会到了公立学校和私立学校之间巨大的差距，哪怕是最好的公立学校，这种差距也依然存在。在教学上，哈克学校最大的特点是按照学生的水平分班教学。每个年级的数学和语文课会被分为基础班、提高班和荣誉班。基础班相当于公立学校同年级的水平，提高班要比基础班高出半年到一年的水平，荣誉班要比基础班高出一年到一年半的水平。对于特别优秀的学生，学校允许他在某一门课上跳级。比如，我一个朋友的孩子数学特别好，就在数学上跳了三个年级。小学时，他就要去初中部学数学，然后回到小学和同学一起上其他课程。我大女儿插班考试的成绩很好，一开始就进入了数学和语文的荣誉班，但进去以后她还是感到课程难了很多，这有点像我当初从四川来到北京。

哈克学校的第二个特点是作业多、考试多。在哈克学校，常常两天的作业要比公立学校一周的都多。考试也是，三天两头就会有考试，每学期最后的成绩是中间每一次考试和作业累积的总分；而在公立学校，通常一学期只有一次期末考试。当然，在哈克学校，除了考试和作业的成绩，课堂表现也会被记入总成绩。我觉得这是一个非常值得中国学校借鉴的做法。考试次数多虽然让孩子平时很忙，但它的好处是把风险平摊到每一次考试中，学生不会因为一次没有考好而影响一学期的成绩。此外，经常考试还有一个很大的好处是，可以督促学生们复习功课。要知道，通常中小学生都不可能完全自觉，没有随时随地的抽查，他们平时未必会复习，学习效果也难以保证。我觉得这种做法也值得国内的学校学习。

不过，在课外活动等方面，美国好的公立学校和私立学校的差距并不大，而且同在一个地区长大的孩子也不会有见识上的差异。因此，我大女儿在进入哈克学校后，只是在功课上感觉压力比较大，她只花了一个月时间就适应了，远比我从四川到北京适应起来快得多。大女儿唯一花了比较大功夫才追赶上同学们的功课是西班牙语。公立学校是不教外语的，而在哈克学校，学生们从小就学习西班牙语，因此她要补上几年的欠缺。实际上直到中学以后，她才完全补上这方面的差距。

对比一下我转学的经历和大女儿的类似经历，我发现，对孩子，特别是对小学生来讲，课程学习上的差距是容易弥补的，其他方面的差距则比较难弥补。

到了小女儿上小学时，哈克学校已经很难进了，插班生的录取率连 5% 都不到。因此，我们也不敢让她先上公立学校了，而是一开始就把她送到了哈克学校。对于还没有接受过小学教育的孩子，哈克学校的选择标准只有两个，一是看智商，二是看是否成熟。我小女儿的这两项测试都通过了，于是也顺利进入了哈克学校。不过，由于她在学前没有学语文，因此在语文课分班时，只分到了提高班。在接下来的一年里，她的每次评估都超出预期，于是在年级主任的批准下转入了荣誉班。不过，直到初中毕业，小女儿的成绩都比姐姐差不少。小女儿是到了高中成绩才有所提高的，并且最终高中 4 年的总成绩超过了姐姐。至于她是如何做到的，我会在后面介绍课外活动时具体来讲。

哈克学校和清华附中没有可比性，但有一点相似之处，就是两所学校都强调把学生培养成才，而不仅仅是追求升学率，两所学校的校长也都从内心里热爱教育事业。因此，我很感谢清华附中，我女儿也很感谢哈克学校。

对比一下我和我孩子接受的教育，我得到了三个结论：

第一，**学校和老师对学生的影响很大**。好的学校能给学生提供全方位的优质教育，让孩子根据自己的情况发展，而不仅仅是让孩子取得好的考试成绩。因此，如果能进一所好学校，还是要努力争取。如果上了一所一般的学校，就要想办法进入好的班，或者找到好的老师。

第二，**如果在小学，甚至初中都上不了好的学校，也不用担心输在起跑线上**。小学和初中要学的知识其实非常少，也非常简单，只要学生肯学，后面就很容易追上。我在四川的同学，有的因为在插班考试中没有考好，进入了很差的中学，但后来也上了清华或北大。相反，小学时成绩很好，后来上不了好大学，甚至考不上大学的，我也见过不少。最关键的是，学生自己要有学好的意愿。而一旦有了学好的意愿，在外人看来就是开窍了，成绩可能会突飞猛进地提高。我大女儿是在转学后就开窍了，小女儿则一直到高中才开窍。我在小女儿的毕业典礼上遇到一位老朋友，他的孩子被加州理工录取了，而这个孩子直到高中才转入哈克学校。由于之前没有学过外语，到了高中才从头开始补，相比一直上哈克的学生，起步就慢了很多。但是这个孩子很有学习的动力，高中几年完全补上了。

第三，**好的学校是培养学生成才，而不仅仅是让学生考高分**。我至今都不认可那些被称为"高考工厂"之类的学校。它们虽然送了很多学生去名牌大学，但那些学生日后的发展并不算好。一位从那种学校毕业的学生跟我讲，他需要花一辈子时间治愈在中学所遭受的痛苦。几年前我对清华企业家协会在全世界的几百名会员做了统计，这些人都是全球著名企业副总裁以上的管理者，或者营业额上亿元企业的老板。统计发现，这几百人中，几乎找不到靠刷题上清华的。另外，我又对清华计算机系在美国前 50 大学当教授的校友进行了统计，也几乎看不到"高考工厂"出来的人。

交流：家长的陪伴有何意义

除了学校，孩子最重要的老师是家长。而家长能够给孩子最好的教育其实是陪伴，并非知识。今天很多人以工作忙为由，很少陪伴孩子，这就让孩子失去了几乎一半的教育——来自家长的教育。

我出生不久，父母就去了劳改农场，我是由只有小学文化的爷爷和识字不多的奶奶带大的。四岁半时，父母把我接回了北京，那时他们对我来讲非常陌生。不过，在随后的三四年里，无论是短暂地住在北京，还是随后去四川，我们一家人都没有再分开。

到四川之后，我父亲因为在劳改农场染上了血吸虫病而不得不半休在家。于是，他有了足够多的时间陪我。他经常带我到山野田间散步，我对世界最初的认识就是他在散步时不断讲给我听的。今天我已经不记得他讲了什么，但还记得我们两个人一大一小走在山间小路上的情景。

上小学后，父母陪伴我的时间就少得多了，甚至比今天的父母对孩子的陪伴还少。这主要是因为工作，他们经常不在家。

我上四年级之前，父母每天晚上都要参加政治学习，因此吃完晚饭，我就见不到他们了，只能自己带着弟弟在家玩耍。等他们回来，我们俩常常已经玩累了，躺在地上睡着了。不仅晚上见不到他们，他们还经常出差，最长的时候可能半年都见不到他们的影子。我父亲当时在大学担任一个班的班主任，带的学生是工农兵学员。那时候讲究"下厂办学"，或者叫"开门办学"，就是不让学生在学校里学习，而是老师带着学生到工厂学习。有好几年，我父亲每年都有一半的时间在带着工农兵学员辗转于四川的各个工厂之间。父亲回家的半年里，母亲又通常不在。因为在四川山沟里没有办法做科研，所以她和一些同事不得不回到北京的清华大学，或者去沈阳的合作工厂、研究所做研究，常常一年也有半年在外面。因此，我从小就习惯了家里只有一个大人，每天中午和晚上，我都要为全家煮饭。而且，由于家里经常没有大人，我从小就胆子很小。

不过，父亲如果在家，他就会经常给全家讲故事，告诉我各种科学常识和历史、地理知识。到了周末和寒暑假，父亲常常带着我去实验室，他做他的事情，我做我的功课。我早期了解的很多历史知识，比如项羽、刘邦、牛顿、拿破仑这些人的故事，就是他在路上讲给我听的。

　　"文革"结束后，有大约 8 年时间我们一家四口一直生活在一起。那时父母不再需要每天进行政治学习了，但是工作很忙，晚上常常要加班。于是，他们晚上就把我跟弟弟带到实验室，他们工作，我们学习。在每次往返于家和实验室的途中，父母和我们兄弟二人有充分的时间交流。从那时开始，我就觉得，如果我将来有了孩子，我也要在走路的时候和孩子们进行交流。

　　我至今不能完全解释为什么有的孩子喜欢学习，有的孩子讨厌学习。我看了很多教育学的著作，公平地讲，没有一本能完全把这个问题解释清楚。否则，我们就能把所有的孩子都培养成爱学习的人了。根据我对自己、身边的人以及同学和朋友的观察，我得到了一个结论：在孩子的学习上，家长的陪伴和引导起到了决定性作用。因此，我花了很多时间陪伴我的孩子们。

　　我大女儿三四岁的时候，变得特别黏人，我每天回家，她都要和我玩。虽然我很累，但每次还是会打起精神陪她玩。我那时很少教她功课，但陪她玩的时间很多，比我父母陪我玩的时间多得多。在陪伴她的过程中，我通常能把想告诉她的话，以及想让她知道的道理告诉她。等小女儿出生后，我又要陪小女儿玩，通常到晚上她睡觉后，我才有时间继续做我的事情。对孩子的陪伴是很花时间的，而且会影响自己挣钱，但确实是一件应该做、也值得做的事情。有父母的陪伴，孩子的胆子会大很多，对生活的信心也会强很多。

我和孩子们交流最多，或者说了解她们的想法并引导她们思想成长的场景，是在接送她们上学和参加课外活动的路上。要想影响孩子，就要先了解他们的想法，以及他们在学校遇到的事情，而很多时候，孩子是不愿意把这些告诉家长的。我曾经读过一位教育学者写的一本书，他说，**和孩子交流最好的三个时间，就是孩子放学的时候、全家一起吃晚饭的时候，以及晚上睡觉前。**

孩子刚放学的时候，如果你问他今天学校里发生了什么，他常常会如实告诉你。等到这段时间过去，你再问，他就不愿意说了。晚饭时间是第二个机会。全家一起吃晚饭的时候，大家都比较放松，孩子有时会无意中说出他平时不愿意说的话。如果这个时间点再错过，就要等到晚上他睡觉前了。如果他在这一天有什么不顺心的事，常常会想在睡觉前说出来，让心里舒服一些。这时，如果你问他在学校里开不开心，他可能会说，"爸爸 / 妈妈，今天其实有件事让我不是很高兴"，然后把苦水倒出来。

小学时期，孩子对世界不了解，过的是无忧无虑的日子。即使遇到不顺心的事，他也不会长时间放在心上。进入青春期之后，情况就不同了。他了解了世界，但是对很多事情又没有答案，很多麻烦自己也无力解决。比如说，青春期的孩子通常会开始思考人生问题，包括"人为什么活着""如果死了怎么办，会去哪里""我将来会成为什么样的人"，等等，但他通常都得不到答案。如果他感觉学业压力特别大，长期被老师和家长责骂，或者长期被同学欺负却没人为自己伸张正义，他可能会情绪暴怒，也可能自暴自弃，甚至有可能轻生。硅谷地区有一所非常好的公立高中，但那里每过几年就有学生自杀，这就和高中生在青春期的迷茫以及学业压力大有关。即便没有这么严重的问题，青春期的孩子一般也会有不同程度的逆反行为。因此，这时就需要家长提供帮助。

要让孩子保持健康的心理状态，解决他的心理问题，就需要了解他的想法，知道他身边发生的事情。但是，这个年纪的孩子又不太愿意和家长、老师沟通。因此，要想进行顺畅的沟通，就需要赢得他的信任，而长期的陪伴和交流是赢得信任最直接、最重要的手段。

孩子的很多课外知识是从家长那里学到的。我们知道很多人是子承父业，这其实就是从小耳濡目染的结果。就拿我的孩子来说，她们很早就听我谈投资，所以不知不觉地就对这方面的知识有了很多了解。对于"股市有风险，投资需谨慎"这个常识，很多人是交了大量的学费才搞懂的，我的两个女儿却能很好地理解并牢记在心。大女儿挣了一些钱后，一直在很理性地投资，这让我非常放心。疫情期间，我在家用视频会议听创业的案例，小女儿后来产生兴趣，也参加进来，慢慢地就有了关于如何创业和投资的基本常识。

每天吃饭的时候，我们全家会对一些新闻时事或者读到的内容展开讨论。很多时候，孩子也会把自己看到的事情或者在学校学到的有趣的知识分享出来。通过这样的交流，我们可以了解孩子的想法，同时引导她们正确思考，也就不至于她们有了什么糟糕的想法，甚至做了什么不当的事情，我们却一无所知。

成本：该不该让孩子上辅导班

绝大部分学生除了在学校上课，还会接受适当的课下或者课后辅导。这些辅导通常由三类人提供，第一类是家长，第二类是学校的老师和同学，第三类是校外培训机构的人。在孩子的不同发展阶段，这几类人起到的作用是不同的。当然，还有人会说今天有些 App 也很好。说实话，我还没见过哪个好学生是 App 辅导出来的，小孩子还是应该少用一点平板电脑和手机。

照理说，小学的内容最简单，最不需要辅导，但由于小学生自觉性最差，上课常常不好好听讲，因此在课后给他进行必要的辅导，确保他把课程的内容搞懂是非常重要的。否则，他会把一知半解的概念带到今后的学习中，越往后越不容易明白课程内容。对小学生来讲，只要家长有时间，一般就能够亲自辅导，而这通常也是最有效的辅导方式。为什么这么说呢？一方面，小学的学习内容家长都懂，辅导得了；另一方面，这样做也比较方便，比较省时间。

今天很多小学生的家长都采用了最偷懒的方法，直接把孩子送到辅导班。可结果是，钱花出去了，效果却一般，甚至还有副作用。这是为什么呢？我们不妨分析一下。

首先，凡事都有时间成本和机会成本，但收益未必能超过成本。

先来看看时间成本。假设孩子每门课一周去一次辅导班，每次上课时间是两个小时，孩子往返于家和辅导班的路上要花一个小时，听完课回家还要花两个小时认真完成辅导班留的作业，否则就白听了。这样一来，一周在一门课上花的时间就是五个小时。这五小时就是时间成本。

再来看看机会成本。如果不让孩子去辅导班，而是采用其他方式进行课外辅导，这样做能提高的分数，就是上辅导班消耗的机会成本。比如，一名学生花时间自己复习，成绩提高了三分；去上辅导班，成绩提高了五分，那么，他付出的机会成本就是三分，收益则是五分，净赚两分。但在现实生活中，很多人只看收益，不看成本。

如果倒过来，自己复习能提高五分，上辅导班能提高三分，那收益就比成本还低了，而这种情况其实会出现在很多人身上。我大女儿高中时，每到期末考试前，老师会带着大家复习，她成绩最好的同学就请假回家自己复习。我大学同学中成绩最好的一些人，每到期末考试前也会采用这种"逃课"复习的办法。这些人聪明的地方就在于，他们懂得衡量机会成本。

其次，无论是学习新知识还是复习旧内容，都要有针对性，要针对自己的弱点进行练习。这也是那些成绩好的同学会选择"逃课"复习的原因。

我的朋友方家元教授长期办学，在过去的几十年里，他办的补习学校 Afficient 做了很多实验，参加实验的有上千名学生。实验结果表明，相比于大班教学，对个人进行针对性教学的效率至少能提高一倍。如果是进行针对性教学，通常学生用4个月就能把学校一学年（9个月）的内容学完，每周的学习时间还会减少。对于那些在学校已经把内容学懂的同学来讲，自己复习的效果是最好的，因为他知道自己的弱点在哪里。老师带大家复习，不可能只照顾某一个学生，因此可能会泛泛地做总结，效果反而不好。效率最低的复习方式，是把学校教的内容在辅导班再学一遍。

如果某个学生上课时遇到了一些搞不懂的内容，课后及时请教老师，再请老师给自己有针对性地出几道练习题做，这就是最好的复习方法了。但是，小学生通常没有这种自觉性，也害怕找老师答疑。因此，次好的办法就是家长及时向老师咨询孩子的学习情况，然后用几分钟的时间把孩子没有搞懂的内容讲清楚。

无论是找老师答疑，还是让家长帮忙辅导，时间成本和机会成本都很低，收益却很高。当然，也有人愿意花钱请一对一的家教上门服务，虽然价格不菲，但效果差不多。

我的一位朋友在国内办了一家中等规模的教培机构。他发现，每到周末，很多父母就把小学生送到教培机构来参加大班补课，然后父母坐在私家车里玩手机。他对我讲，这些家长与其把时间浪费在刷手机上，还不如多花点时间看看孩子的作业本，毕竟小学生的功课他们都能自己辅导，这样还能省钱又省时。

这位朋友还给我讲了一个观点：不少依赖补习班的小学生，会逐渐养成上课不专心听讲的习惯，明明是能在课堂上听懂的内容，也非要听两遍才能搞懂。只不过他要做大众的生意，不便和家长讲这个发现。这也从反面印证了父母过问小学生学习情况，并且亲自辅导小学生学习的必要性。

我上学的时候没有教培机构，搞不懂的内容只能找家长或者老师请教。我上小学时，可能是因为搞不懂的内容很少，需要找老师的时候不多。我父母做的就是监督我学习，确认我把学校的课程学会了，万一有不会的，他们给我讲讲就好。今天很多家长说自己辅导不了孩子，但其实监督孩子学习还是可以的，也应该自己做。

等到了中学，父母显然辅导不了我了，因为他们早已忘记中学课程的内容了。但那时我已经养成了遇到不懂的内容就问老师，或者和同学讨论的习惯。因此，不会糊里糊涂地上了半学期课，把问题都留到考试前才解决。

根据我的观察，无论是在高中还是在大学，下了课就围着老师问问题的，通常是一群好学生。下了课就马上离开教室的学生，也并非都听懂了，而是他们没有把课程内容都学会的主动性。

在我的孩子上学后，我通常会了解她们的学习情况，然后鼓励她们找老师把不懂的内容搞懂。我真正辅导过她们的课程只有小学数学。即便是小学语文，由于我和太太的母语都不是英语，所以我们都鼓励她们找老师答疑，而不是由我们来辅导。如果孩子去找老师答疑了，我总会表扬她们，甚至给她们一些奖励。当然，如果她们把自己的考卷拿给我看，即使是一份考得很糟糕的考卷，我也会表扬她们。

今天很多家长的问题在于，平时不监督、不过问孩子的学习情况，但孩子考试没考好就发火，然后让孩子上一堆辅导班。至于上辅导班的效果好不好，他们也懒得做量化评估，只觉得钱花出去了，肯定会有效果。甚至一些家长会觉得，钱花出去了，自己的义务就尽到了，不管孩子成绩如何，自己都心安理得了。

当然，也有些家长走到了另一个极端，平时每天都盯着孩子的功课，恨不能自己替孩子做作业、考试，完全不肯放手。在这种环境下长大的孩子，可能小学成绩不错，但后劲会越来越不足，因为他们没有培养起自己学习的能力。

最后，有没有必要让孩子上课外提高班，学一些学校里不教的内容呢？我自己是上过一些的，但数量很少，具体情况我会在后面"课外活动"一节讲到。我的孩子从来没上过课外提高班，因为她们的课余时间都用来从事其他活动了。不过根据我的观察，像奥数这种训练，对绝大部分人来讲都不合适。即便因此在中学数学竞赛中成绩有所提高，对大学之后的学习其实也没什么帮助。至于有的孩子趁寒暑假时提前学一点内容，指望学期中能够比较主动，这种做法对有的孩子有帮助，有的则没有帮助。至少我的孩子寒暑假时没有这么提前学过，那些时间她们都用来做课外活动了。

上进：如何看待孩子的同伴压力

教育的结果在很大程度上取决于同伴压力，这是我能想到的要去好学校的主要原因。而且，这一点在中国和美国没有任何差异。

小学时，我是没有同伴压力的，因为大部分时候都不考试；有了考试之后，因为自己的成绩比周围人好，所以也没有什么同伴压力。

到了初中，我一下就感受到了很大的同伴压力。实际上，在从四川到北京之前，父亲就提醒过我这一点——到了北京，成绩好的人有很多，我需要比以前付出更多努力才行。他的提醒一点都没有错。不仅语文、英语、生物等课程学得比我好的大有人在，即便是我最擅长的数学，班上也有两个同学是我觉得自己永远无法超越的。来自同伴的压力让我不敢放松，同时也让我有点气馁，因为无论我怎么努力，都很少能有机会进入班上前 10 名。

我非常务实，没有给自己定太高的目标，只是要求自己保持在十五六名以内，因为这样我就可以升入好的高中。当然，如果成绩更好一些，我会更有成就感。因此，虽然我能感受到同伴压力，但是会适当调整为我能够接受的压力。

就这样，直到初三，我一直保持在班上十二三名的水平，在全年级保持在前 20% 的水平。父亲对我这种努力程度不太满意，他觉得我学得好一点就翘尾巴。等我长大以后才知道，在任何时候都能兢兢业业地做事不是青少年能做到的，这是对职业人士的要求。青少年的心智不够成熟，不能完全理解持之以恒的努力和最终结果之间的关系，也不懂要成为前 1%，需要付出几倍的努力。也正是因为这一点，当小女儿在小学和初中都成绩平平时，我并没有逼她花更多时间去学习。正是因为孩子不完全懂得读书的意义，所以很多时候，同伴压力是促使他们好好学习的动力。没有了这种压力，孩子在学习上遇到困难时就可能会退缩。

鉴于青少年心智不完全成熟，我们不能指望他们有多高的学习自觉性。所幸他们已经开始在意别人对自己的看法，想要显得比同伴更厉害。因此，拿同伴的表现去鼓励他们是非常必要的，但不能不分好坏地一味表扬。如果完全不给青少年压力，他们就会在自己的舒适区慢慢沉沦。我可以想到，如果把我放在一个水平较差的学校，我可能依然会满足于维持在全年级前

20% 的水平。但那样一来，我可能就完全无法取得今天的成就了。

当然，也有人从小就是第一名，然后一直努力维持这个名次。在我身边，这种人很多，我弟弟、我太太和我大女儿都是如此。因为有了得第一名的习惯，以及对自己这样的预期，他们常常会非常努力地维持这个名次，直到进入一个竞争激烈、自己无论多努力都无法取得第一的环境为止。

比如我弟弟，他把这种表现从小学维持到了去斯坦福大学读博士。他从小学开始就名列前茅，之后还跳了一个年级。升初中时，他是北京市海淀区的第三名。初中升高中时，他成绩虽然没有那么突出，但也进入了清华附中的实验班。高考时，他是北京市第二名，当时的第一名是一名高考前刚从外省转学到北京的考生。到了大学，他的 GPA 在清华电子工程系是第一名。后来考斯坦福大学时，他是电机工程系博士生资格考试的第一名。

在清华，我弟弟有一个比他低两届的学妹也是如此，从清华一直"开挂"到斯坦福，然后成为一家大型跨国公司的副总裁。这样的人在人群中的比例非常低，但我遇到过很多，所以并不觉得他们有什么太了不起的地方。我知道他们连胜的纪录最终一定会在某个阶段停下来。而此后，我就有机会通过更长时间的努力赶上，甚至超过他们。

如果你是这样的第一名，那么我要恭喜你。但你也要清楚，世界上聪明的、努力的、有成就的人实在太多了，不要太在意同伴压力，去追求不切实际的目标。人发展到一定程度，遇到自己的极限是很正常的事，不必太有压力，更不必为了追求名次而不择手段。

在约翰·霍普金斯大学读博士时，我遇到过很多这种过去的第一名。比如有一位清华的校友，在一个大系连续 5 年拿第一名，我看了看她的成绩单，比我漂亮多了，但是做研究就不如我们了。好在这位校友心态很好，接受别人比自己好的结果，后来虽然花了很长时间，她还是顺利毕业了。

与这位同学相比，有些人心态不好，就难免会出问题。比如，我还认识一位中国名校出来的第一名，到了美国后，她遇到的竞争者比过去学校的同学强太多了，于是她很失落，开始嫉恨比自己强的人。

在我以往的经历中，遇到的省一级的高考状元，或者在清华、北大系一级的第一名，又或者是在各种数理化奥林匹克竞赛中拿金牌的人多达几十个，他们后来到了人才更聚集的地方，就会被更聪明、更能干的人比下去。相反，一些过去成绩平平，其他能力很强的人，也会后来居上超过他们。

或许是因为看到了太多第一名后来发展平平的事情，所以我从来没有在考试成绩上给我的孩子施加什么压力。我有一种未必正确的想法——成绩好到能获得各种机会就够了。孩子要把更多的时间和精力花在培养真正的兴趣上，不要去拼命追求试卷上的最后几分，因为这会得不偿失。至少，我自己就受益于这种做法。

如果你能做到长时间持之以恒地努力，自己的潜力就会慢慢发挥出来，你会突然有一天发现自己超越了之前认为完全无法超越的人。

举个例子。初中时，我们班上有两个同学数学成绩特别好，因此各种数学竞赛都是他们俩互相比，而我们剩下的人去争第三名。因此，我从来没觉得自己能超越他们。初三时，学校组织了一次竞赛，要选派 10 名学生参加北京市的数学竞赛，他们照例获得了前两名，而我正好是第 10 名。北京市的竞赛在寒假之后进行，寒假我没什么事，就每天练习数学，水平有了很大提升，但我自己还不清楚。在北京市的竞赛中，我虽然被误判了一道题，没有获得一等奖，但却是我们学校 10 名学生中成绩最好的。从此我体会到，只要功夫花够了，那些学霸也是可以超越的。有了这样的信心，我就把自己在学业上的标准提高了。虽然高中时竞争更激烈，但我的名次却从初中的前 20% 一下子提升到前 10%。

　　类似地，我也这样被别人甩开过。我在清华读书的时候喜欢打羽毛球，全校水平最高的人有五六个，我是其中一个，全校比赛的半决赛和决赛通常就在我们之间进行。有一年暑假，我们几个人要么去实习，要么去旅游，只有一位和我同年级的研究生因为打算参加随后的北京市研究生运动会，所以找国家队的人指导了一个暑假。开学以后，我们几个人都无法和他打了，之后和他的差距也越来越大。

　　我们经常讲，人要和自己比，不要总和别人比。但如果一个人的心理不算太脆弱，周围有一些能够做对比的同伴是一件好事。同伴压力会伴随人的一生。我可以取得今天的成就，虽然不能说完全是同伴压力带来的结果，但至少同伴压力一直督促我前进。比如，到了大学，我原本想松口气，享受一下大学生活，但我发现大学里的竞争更加激烈，同伴压力更大了。我一度成绩很不稳定，但还是希望维持在年级前 10%，并且相信自己能够做到。最终，我摸索出了大学学习的方法，做到了这一点。之后在读硕士、读博士，以及工作期间，同伴压力其实是越来越大的，只是我已经习惯了，并且一直把目标设定为做到前 10%。当然，等到有了自己努力的目标后，我们就不再需要同伴压力了。

回想自己走过的路，我很感谢我在年轻时体会到了同伴压力。因为，如果没有这种压力，我可能比较早就得过且过了。虽然说人要和自己比，但如果心理承受力比较强，不妨接受同伴压力，争取比大部分人做得好一点。

补充：如何找到合适的课外活动

课外活动是教育的重要部分。如果一个人在美国申请大学，大约一半的材料都来自课外活动。被优秀州立大学录取的学生中，非洲裔、拉美裔和第一代大学生（父母和祖上没有人读过大学的）大约占总人数的 40%。剩下的 60% 中，大约 1/3 是完全靠课外活动成绩被录取的，还有 1/3 是靠学习成绩和课外活动双重标准录取的，只有余下的 1/3 是完全靠学习成绩被录取的。如果是顶级私立大学，完全靠学习成绩被录取的人连 5% 都不到。虽然美国这种过分强调课外活动的做法有点极端，但这也说明了课外活动真的很重要。

很多人把青少年的课外活动分为三类，体育类、教育和文艺类以及社会服务和集体活动类。青少年要想全面发展，这三类课外活动都应该参加。

*

第一类课外活动是体育类。

上学的时候，尤其是初中时期，我的体育成绩不算好，也没有进过校队。不过，我花了不少时间参加体育运动。一开始的目的是在运动成绩上赶上同龄人，后来发现运动能让自己变得更加精力充沛。十几年坚持运动，让我有了比较好的身体基础。后来，在尝试了很多种不同的运动之后，我终于找到了自己擅长的运动项目——羽毛球。这项运动的运动量远比想象中大，是一项既有趣又有很好的锻炼效果的运动。

我的孩子上学后，我也鼓励她们找到自己喜爱的运动。通常，人们会从田径和普及度较高的球类运动开始，通过不断尝试找到自己喜欢的运动。我的两个孩子最后的选择都出乎我的意料——大女儿选择了空手道和跆拳道，并在高中时成为黑带三段的选手；小女儿则选择了小众的高尔夫球。

坚持运动需要花很多时间，但即便是对课业负担很重的学生来讲，这个时间也值得花。运动对身体健康的好处，对心智发育的好处，大家都不陌生，我就不多解释了。我想强调的是，**坚持运动，其实对于提高学习成绩、培养孩子克服困难的能力，以及锻炼孩子的领导力，也有很大的帮助。**

先来看运动对提高学习成绩的帮助。我的小女儿进入高中后学习成绩突飞猛进，就和打高尔夫球有关。

小女儿是从 10 岁左右开始打高尔夫球的。最初完全是出于兴趣，后来在喜欢上这项运动后，她决定把高尔夫球作为自己主要的课外活动。加州没有初中的高尔夫球联赛，但是有一年一度的校际锦标赛。小女儿的学校没有常设的初中校队，但每年会选拔一次，临时组队去参加硅谷地区的高尔夫球比赛。八年级时（相当于国内的初三），小女儿终于被选进了这个临时的初中队。接下来，她的目标就是在高中要进入常设的校队。经过暑假的选拔赛，她如愿以偿。

我们知道进入校队后她会花很多时间训练和比赛，但实际上所需时间依然大大超出了我们的预料。加州的高中联赛，通常每年都有长达半个多学期的比赛季。在比赛季，每个联盟都要进行十几场循环赛，前三名进入加州海湾地区，也就是加州北部太平洋沿岸各地区校际的决赛；决赛的前三名又会进入整个北加州地区的决赛。这中间还要打很多次友谊赛和练习赛，每一次比赛都需要花半天到一天时间。此外，校队每周还要集中训练三次。因此，在比赛季，小女儿每天都是晚上七八点才能回家，周末常常一早就要去上百公里外的地方参加训练或比赛，用于读书的时间自然就大打折扣了。在没有联赛的那个学期，球员们通常要自己训练，然后参加美国青少年高尔夫球协会举办的各种个人比赛。

　　学校一开始就提醒过校队的活动会如此花时间，并且建议参加校队的学生要学会利用碎片化时间学习和休息。我小女儿也确实是这么做的。由于学习的时间大大减少，她不再看电视、玩游戏，而是抓紧每一分钟时间学习。有时第二天要考试，她只好头一天复习到晚上 11 点，第二天在上学的路上和上课前再复习半小时。要知道，在此之前，她从来没有在晚上 10 点之后睡觉过。每次遇到需要请假比赛的情况，她会提前或者在事后找老师补课。起初，我们很担心她的学习成绩。但没想到，半学期下来，她的成绩似乎比以前更好了。期末考试前，赛季终于结束了，这时她已经习惯了抓紧时间学习，因此成绩超出了我们的预期。从高一开始，她每年的平均成绩稳步提高。即使在 12 年级的第二学期，大学申请的结果已经出来了，平均成绩不再重要，她依然保持着全 A 的成绩。

　　再来看看运动对于培养孩子克服困难这一能力的帮助。这从西点军校的招生风格中可见一斑——那里录取的学生多半是运动队的队长和主力。西点军校喜欢招运动员的传统是麦克阿瑟将军当校长时确立下来的。因为麦克阿瑟在参加第一次世界大战时发现，那些曾经是运动员的军人，不仅身体素质更好、更勇敢，还能更好地领会上级的命令，在战场上更具团队合作精神。

我小女儿也在后来的几个赛季中，提高了克服困难的能力。她所在的联盟里，有一所学校是她们长期以来的死对头，因此每年和这所学校进行的两场比赛都非常艰苦。每次比赛，中间比分都咬得很紧。但在连续四年的对抗中，她们最终靠实力和发挥赢得了几乎所有的比赛。在申请大学时，小女儿最主要的作文就是讲述自己如何在比赛中学会克服困难的。

最后来看看运动对于培养和锻炼孩子领导力的帮助。高中时期，小女儿没有参加太多俱乐部和学生会的工作，领导力的获得主要是靠体育活动。12 年级时，小女儿担任了球队的队长。前一年，她们获得了学校校史上第一个太平洋沿岸各地区冠军，并且晋级到北加州的决赛。但是在她担任球队队长时，球队中的三名主力队员因为各种原因离开了，其中还包括一名进入美国大学一级联赛的金牌选手，补充进来的是几个刚刚进入高中的新人，而她们的老对手主力都还在。因此，如何在接下来的赛季赛出好成绩就是一件非常困难的事情了。小女儿除了自己训练、比赛，还要在场上鼓舞大家的士气，在场下帮助教练排兵布阵。最终，经过三场非常艰苦的比赛，她们再次战胜了老对手，卫冕联盟冠军，并且进入了太平洋沿岸各地区的决赛。虽然她们没有进入北加州的决赛，但成绩依然处于学校历史上的高点。

我知道今天绝大部分学生都会参加体育运动，但是，平时自己锻炼一下和认认真真参加几年竞技体育的比赛还是有很大差别的。如果条件允许，每一个中学生都应该尝试一下竞技体育。这不是为了将来真的当运动员，而是为了学会克服困难，学习团队精神，学会管理时间。

*

第二类课外活动是教育和文艺类，比如练习绘画、音乐，学习课外知识，参加学科竞赛，甚至从事一些简单的科研工作。中学课程的内容和难度通常有一个基准线，那就是 80% 以上的学生能够学会。因此，对一些能力较强的学生来讲，不需要把所有时间都花费在学校的功课上；如果有条件，他们应该参加一些教育、文艺类的课外活动。

我读高中时，课外活动远不如今天这么丰富多彩，我参加的主要是各种学科竞赛和少量实验。剩下的时间，我大多是泡在图书馆里。初一时，因为我数学竞赛成绩突出，数学老师把我当作可以送到海淀区少年宫数学班培养的候选人。不过，我的名额最终被一个关系户顶掉了。我至今也不知道该不该原谅这位数学老师的做法。初二时，新的数学老师看好我的表现，给了我一个去听北京市青少年数学讲座的机会。这在很大程度上激发了我学数学的兴趣。后来，因为我竞赛成绩非常好，海淀区少年宫数学班的老师主动找到我，让我去听讲座。在那个三四十人的班上，我遇到了北京市当时数学最好的一帮同学。从一定程度上可以说，随后几年北京市的数学竞赛，就是这个班上的三四十人在竞争。

当时社会上并没有专门培训各学科竞赛的机构，即便是少年宫的数学班，也是在教授知识，而不是让大家练习竞赛题。想要参加学科竞赛，都要自己做准备。因此，能够在学科竞赛中脱颖而出的，都是对某些学科特别感兴趣，并且表现出一定天赋的人。

我在一些数学竞赛中得奖之后，对参加其他学科竞赛的信心也大大增强了，于是陆续参加了各种竞赛，并且得过不少奖。当时，在北京市的一级竞赛中获奖已经可以在中考和高考时加分了。不过，我参加竞赛的目的很单纯，只是因为喜欢，而且我也没觉得自己需要靠加分上大学。我考大学报志愿时，北大和清华数学系的老师都来家里动员我，但我最终选择了自己当时并不熟悉的计算机专业。

　　后来，我又遇到过很多参加各种竞赛的人，还当过他们中一些人的老师。这些人中的绝大多数都非常聪明，而且学习能力极强。不过，绝大多数人也都和我一样，最后并没有从事他们当初花了很多时间学习的学科。我想，参加学科竞赛和参加体育比赛一样，其实都是对自己潜力的开发和对自己能力的挑战，让我们知道自己的极限在哪里。至于将来要学些什么专业，从事什么职业，还要看社会的需求。

　　与参加教育类的活动一样，参加文艺类的活动也要争取坚持练到底。这不仅是让自己有一些文艺特长，提高审美，也是对自己能力的一个挑战。不管是什么事情，想要做到一流都是不容易的；但不管是什么事情，只要能做到一流，将来在其他领域就也可能做到一流。

　　我遇到过几个把音乐作为业余爱好的人，他们都对音乐很认真，也投入了大量的时间，并且都从中受益。其中一个是我的高中同学，他大学时获得过北京市业余组的钢琴比赛第一名。不过他没有学音乐，而是学了工程，虽然算不上学霸，但是毕业后很快便闯出了自己的一番天地。另一个是我朋友的孩子，她也是在中学时就已经有了接近音乐学院学生的钢琴水平。在练琴的过程中，她学会了时间管理和自律，懂得了主动追求卓越。虽然父母在学业上帮不了她任何忙，但她完全靠自己的努力进入了美国的顶级大学。还有一位是物理学博士，他的小提琴水平是专业级的。在大学期间，他是学校乐队的第一小提琴手，每天还要练四个小时的琴。可是，即便练琴占用了那么多时间，也并没有影响他在物理学专业上的优秀表现。当一个人对自己有很高的要求时，很多事情他都能做好。

当然，年轻时进行一些音乐和艺术类的活动还有一个很大的好处，那就是即便不靠它们谋生，将来也可以自娱自乐。我没有学过什么乐器，钢琴练了不长时间也放弃了。不过从大学开始，我喜欢上了古典音乐，并为此专门修了一些相关的课程。我小时候也练习过绘画，后来放弃了。不过大学时，我又对艺术欣赏产生了兴趣，然后专门去建筑系学了相应的课程。这些爱好伴随了我的一生，给我带来了很多享受，也提高了我的生活质量。

和我当年读书时的情况不同，今天各种兴趣班非常多，甚至有些泛滥了。而参加这些兴趣班的人，常常是带着功利心去的。大家看到某个项目在中考或者高考时可以加分，就蜂拥而上。之前是奥数、音乐、艺术，后来这些课外活动不加分了，又变成了追捧计算机编程等。这种不是出于自己的热爱，而是被家长催出来的专长，对孩子日后的发展没什么帮助，还可能浪费他们的时间，妨碍他们把基本的功课学好。

今天这种风气也传到了美国的华裔家庭。比如，很多父母帮孩子做研究、发论文、申请科学奖项。美国历史最悠久的青少年科学研究奖项"再生元科学天才奖"[1]，以前都是对科学真正感兴趣的高中生利用课外时间自己做研究，因此历史上有 13 位进入该比赛半决赛的人后来得了诺贝尔奖。但那已经是 20 世纪 70 年代之前的事情了。近半个世纪以来，获得该奖项的年轻人之后鲜有能在科学领域取得卓越成就的。想来主要原因是，今天很多青少年参加这项比赛并非因为对科学有多大的兴趣，而是单纯为了升学。也正因如此，今天进入该比赛决赛，已经不能像过去那样让人进入最好的大学了。

当然，还有一些家长做得更过分。比如，有些在大公司任职的亚裔家长帮孩子做研究；甚至还有些亚裔教授在发表论文时，把完全没有作出贡献的孩子也挂上名。这样参加课外活动，其实已经本末倒置了。

课外活动应该是学生全面发展不可或缺的一部分。它们和课内教学内容所不同的是，通常都是学生根据自己的兴趣选择的，因此对于他们发现自己的天赋、建立对世界的热爱非常有

1　再生元科学天才奖（Regeneron Science Talent Search），简称 Regeneron STS，原名英特尔科学天才奖。2017 年，再生元公司（Regeneron）从英特尔公司手中接捧 STS 的冠名权，STS 竞赛也因此更名。

帮助。但是，如果课外活动完全沦为升学的手段，或者沦为家长按照自己的意愿培养孩子的工具，那么结果可能会适得其反，那就是让孩子像反感学习一样反感课外活动。

*

第三类课外活动是社会服务和集体活动类。美国的顶级名校有一个普遍性的要求，那就是高中生要在申请材料中写明自己对社区的贡献和所做的社会服务工作。

先看对社区的贡献。这里的社区，未必是指生活的社区，学校、俱乐部、童子军等组织也属于社区。之所以有这项要求，是因为那些顶级名校希望学生在课外多参加集体活动，包括学校里乐团、报社、学生会等组织的活动，以及校外各种组织的活动，以彰显学生们是组织团体中的一员。当然，如果能当上学生会主席就更好了。

再看社会服务工作。这通常是指在非营利组织工作，帮助弱势群体，或者组织、参与募集善款等。在历史上，有不少人成绩并不突出，也没什么拿得出手的课外活动成绩，却因为做了大量社会服务而进入美国名校。这项要求其实也具有一定的合理性，毕竟将来的社会精英人士是需要关心社会的，而不能是精致的利己主义者。

我的两个女儿接受教育的环境与我是完全不同的，她们参加的课外活动和社会服务比我丰富得多。虽然我知道课外活动和申请大学密切相关，但并没有为了升学刻意优化她们的课外活动。因为违背她们意愿的活动不仅对她们今后的发展毫无用处，还会引起她们的反感。比如，我曾经考虑过让她们参加一些学科竞赛，但她们试过之后觉得没有兴趣，我也就没有坚持。我也曾经考虑让她们参加乐团和报社活动，她们也没有兴趣，我依然没有坚持。不过，她们对做研究都有兴趣，因此两个人都在 10 年级和 11 年级做了两个暑假的科研，并且有一些科研成果获得了发表。她们也都很愿意花时间做义工。后来大女儿申请大学时，主要的作文就是写她做义工的经历；小女儿则获得了和社会活动有关的全国性奖项。

结 语

　　不同时代、不同地区会有不同的教育，教育的形式、方法和内容都会有所不同。不过，教育的目的并没有改变，它一直是要将人的潜力加以发挥，将人培养成有用之才。为此，受教育者、学校和家庭要共同努力。

　　教育的内容不仅限于课程和书本上的知识，还包括各种课外活动；教育的形式也不仅仅是上课、做作业和考试，还包括家长的关心、陪伴和辅导。在接受教育和成长的过程中，年轻人会感受到同伴压力，这本身并不是一件坏事。为了全面发展，每个人都应该尝试各种课外活动，并且争取把它们做好。但是，如果同伴压力变成了恶性竞争，课外活动成了不正当竞争的手段，它们就不再符合教育的目的了。

后记

在约翰·霍普金斯大学工学院毕业典礼上的讲话

受教育和追求卓越是值得我们终身去做的事情。走出校门只是我们完成教育的第一步。

20年前，也就是2003年，我在获得博士学位时，就曾想过有朝一日可以站在讲台上，作为嘉宾跟新一代毕业生们分享我的故事。20年后，我也算是得偿所愿了。我对约翰·霍普金斯大学博士生们讲的话，也是我最想和每一位学生和家长讲的。最后，我用这次讲演的全文作为全书的结束。

*

甘治教务长，施莱辛格院长，教授们，客人们以及毕业生们：

我非常荣幸能够回到约翰·霍普金斯大学怀廷工学院。首先，恭喜所有在今晚收到了你们这一生最高学位，明天将开始人生新征程的博士毕业生们。我知道你们对未来一定倍感兴奋，就如同 20 年前我在这里收到我的博士学位时一样。

今天，我想和你们分享让我受益终身的三堂人生课。

第一堂课是我们的老校长比尔·布莱迪在我的硕士毕业典礼上分享的。他和我们分享了哈里·杜鲁门总统的故事，尤其强调了运气对成功的重要性。布莱迪校长讲，每个人都会经历好运气和坏运气，没有例外。然而，好运气有时会导致相反的结果，反过来也是一样。因此，一定要小心，并且要做好准备。这些话后来就在我的身上应验了。

1999 年，当我开始收尾我的博士研究工作时，连续发表了多篇论文，其中的一篇还获得了欧洲语音大会（Eurospeech）的最佳论文奖。很走运，对吧？此后，很多大公司的研究院请我去做报告，包括贝尔实验室、IBM 研究所、SRI 国际研究所等等。好运气好像一直都在。再加上 2000 年的就业市场非常好，我实验室的师兄师姐们都从大公司拿到了聘书，所以我确信自己也能找到一份好工作。

不幸的是，由于我太过自信，没有认真准备毕业委员会的口试（GBO），我没有通过。从此，好运气好像就离开了我。一开始，我不得不再多做一年的研究，然后各种坏运气接踵而至——先是互联网泡沫破碎，然后发生了911恐怖袭击，很多大公司冻结了招聘，并且开始裁撤现有的员工。我除了等这些公司重新开放招聘，别无他法。感谢我的导师库旦普教授，他允许我在学校多待一年，这样我可以维持我的学生签证。

当我在等待AT&T和IBM等公司的机会时，我没有什么事情可做，于是到网上去碰碰运气，看看在裁员风暴中是否还有公司在招人。于是我发现有一家叫做谷歌的小公司居然还在招人，而且我的经验符合他们的要求。于是我联系谷歌的人，递交了我的简历。很幸运的是，他们回复了我并且很快安排了面试。这一次，我认真做了准备，所有的面试环节都很顺利。面试结束的三天后，我拿到了谷歌的聘书。有意思的是，随后几家大公司也开始向我抛来橄榄枝。

可以讲，如果它们的聘书早来几周，我肯定会接受其中的一家。但是这一次，我决定在谷歌赌一下我的运气。结果我赌赢了。回过头来看，如果我当初运气特别好，赶在2000年毕业，我一定会拿到一些大公司的offer，并且在其中一家安顿下来。这样我也就失去了一辈子一次的加入谷歌的机会。事实上，那些大公司里不少面试我的科学家，很快也都加入了谷歌。

很多人都在想，今年的就业市场非常不好。大公司都在裁员，这对毕业生来讲是一个噩耗。但是请记住，我们不会总是遇到坏运气，好运气可能来的比我们想得要快。我们唯一能做的事情就是，准备好。将来，我们一定会取得一些成功，有些人可能会觉得那是自己的能力和努力所致，但要防止成为狂妄自大的牺牲品，因为坏运气可能正在暗处等待着。在一生中，我们一定会不止一次地遇到挫折，但即使身处逆境，也不要绝望，因为好运气也会等着我们。我问过十多名生意做到数十亿美元的公司创始人，他们成功的原因是什么。他们一致认为，自己只不过是运气好而已。我也问过上百名失败的创业者，他们学到的教训是什么。几乎没有人意识到自己的问题，他们都抱怨自己只是运气不好。但运气，从来只会垂青那些谦卑且敬畏命运的人。

第二堂课来自我在谷歌的上级们，包括阿米特·辛格、阿兰·尤斯塔斯和埃里克·施密特。他们鼓励我发挥想象力，关注那些能够给全世界大多数人带来福祉的项目。

当我在谷歌站稳脚，有了点成就后，有一天，阿米特来找我，希望我开发亚洲语言的搜索算法，包括针对中文、日文和韩文的算法。当时我对此并不感兴趣，我更想回去做自然语言处理的研究——这个领域从我当研究生时就一直很吸引我。但当时，阿米特说服了我。他讲，亚洲有 40 亿人，但是我们却无法为他们提供和英语同样好的服务。你想，如果有 10%，也就是 4

亿人能从你的算法中受益，这比发表那些论文的意义大千万倍。

事实证明，他是对的，到今天依然有超过 10 亿人受益于我的算法。后来施密特知道了这件事情，他非常兴奋，给了我不受限制的招聘名额，让我们打造一个针对亚洲市场的产品团队。

当我们决定做一件事情的时候，我们通常会考虑自己想做什么或者擅长做什么，但更重要的是，我们要考虑如何让这个世界变得更好。我们的成就，取决于世界上有多少人受益于我们的工作。各位作为未来工业界的领袖，你们要敢于往大了想，往广了想，不要因为不愿意离开舒适区而限制了自己的潜力。

我学到的第三堂课是回馈社会。

1996 年，当我来到霍普金斯时，我提着两个行李箱，兜里装了几百美元，这就是我的全部家当。当时，是约翰·霍普金斯大学给了我全额的奖学金，才让我能够负担教育和生活的费用。霍普金斯不仅给了我最好的教育，而且让我有无数的机会接触到这个领域中大量的顶级研究人员。没有在约翰·霍普金斯求学的经历，就没有我后来的成功。因此，我一直感激学校，并且尽我所能支持学校。我在读书时，受益于校友们对学校的捐助，因此我希望未来的年轻人能够同样受益于我们的努力。我知道你们将来都会在职业上极为成功，因此我希望你们也能以你们的方式回馈学校。因为给予总是一件让人无比快乐的事情。

今天的世界远不完美，我们要面对战争、疾病、歧视以及气候变化等问题。我不知道是不是因为我们运气太坏，生在了这样一个时代。但我知道，抱怨于事无补，而行动却可以让改变发生。因此，霍普金斯的毕业生们，这是你们的责任和荣幸，应用你们在学校所学的知识和能力，去解决世界上的问题，让这个世界变得更好。我相信，你们必定能做到，你们必将做到！

谢谢大家！

吴军

图书在版编目（CIP）数据

卓越 / 吴军著 . -- 北京：新星出版社，2024.1
ISBN 978-7-5133-5370-0

Ⅰ . ①卓… Ⅱ . ①吴… Ⅲ . ①家庭教育 – 通俗读物
Ⅳ . ① G78-49

中国国家版本馆 CIP 数据核字 (2023) 第 217543 号

卓越

吴军　著

责任编辑	汪　欣	**封面设计**	周　跃
策划编辑	白丽丽　王青青　宋如月	**版式设计**	书情文化
营销编辑	吴　思　wusi1@luojilab.com	**责任印制**	李珊珊

出 版 人　马汝军
出版发行　新星出版社
　　　　　　（北京市西城区车公庄大街丙 3 号楼 8001　100044）
网　　址　www.newstarpress.com
法律顾问　北京市岳成律师事务所
印　　刷　北京盛通印刷股份有限公司
开　　本　880mm×1230mm　1/32
印　　张　10.5
字　　数　181 千字
版　　次　2024 年 1 月第 1 版　2024 年 1 月第 1 次印刷
书　　号　ISBN 978-7-5133-5370-0
定　　价　79.00 元

发行公司：400-0526000　总机：010-88310888　传真：010-65270449